Ute Schmidt-Hackenberg

Zuhören und Verstehen

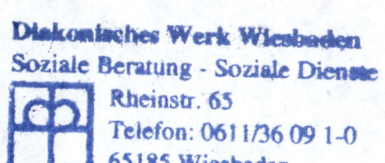

Warum man im Januar Brezel aß und im Juli nicht zur Ruhe kam ...

Illustrationen: Kadie Schmidt-Hackenberg

Bibliografische Information der Deutschen Bibliothek

Die Deutsche Bibliothek verzeichnet diese Publikation in der Deutschen Nationalbibliografie; detaillierte bibliografische Daten sind im Internet über <http://dnb.ddb.de> abrufbar.

Sämtliche Angaben und Darstellungen in diesem Buch entsprechen dem aktuellen Stand des Wissens und sind bestmöglichst aufbereitet.

Der Verlag und die Autoren können jedoch trotzdem keine Haftung für Schäden übernehmen, die im Zusammenhang mit Inhalten dieses Buches entstehen.

© Vincentz Network, Hannover 2003

VINCENTZ.NET Besuchen Sie uns im Internet: www.vincentz.net

Das Werk ist urheberrechtlich geschützt. Jede Verwendung außerhalb der engen Grenzen des Urheberrechtsgesetzes ist ohne Zustimmung des Verlages unzulässig und strafbar.
Dies gilt insbesondere für die Vervielfältigungen, Übersetzungen, Mikroverfilmungen und Einspeicherung und Verarbeitung in elektronischen Systemen.

Druck: FROMM GmbH & Co.KG, Osnabrück
Herstellung, Layout: Nicole Unger, Hannover
Illustrationen: Kadie Schmidt-Hackenberg
ISBN 3-87870-486-0

Vorwort von Erich Grond

Mit großem Interesse habe ich Ihr Manuskript „Zuhören und Verstehen" gelesen. Ich danke Ihnen für Ihre Anregungen und kann Sie nur beglückwünschen zu diesen ausgezeichneten Ausführungen. Wer Ihr Buch gelesen hat, wird manche Auffälligkeit oder auch Verhaltensstörung dementer Personen besser verstehen. Da ich aus einem kleinen Dorf in Schlesien stamme, sind mir sehr viele Rituale noch vertraut. Auch ohne die noch geplanten Zeichnungen oder Fotos ist das Buch sehr lebendig und anregend.

Ihr Buch sollte bald erscheinen, damit konkrete Biografie- und Erinnerungsarbeit mit Ihren Ausführungen möglich wird; denn Sie können Pflegende und den gruppenübergreifenden sozialen Dienst anregen, eine „Regression im Dienste des Ich" auch bei dementen Personen und damit Lebensfreude zu ermöglichen. Positiv finde ich auch, dass Sie mit Ihren Gesprächsprotokollen alle Sinne ansprechen, Gefühle nicht aussparen und gerade damit auch demente Personen erreichen. Für alle Heimbewohner, demente und rüstige, ist der Lebensrückblick in die Kindheit eine wichtige Möglichkeit, vergangene Probleme, familiäre und berufliche Konflikte aus der Zeitgeschichte und damit sich selbst besser zu verstehen und zu akzeptieren. Mit Ihrer Aktivierung können alte Frauen, die oft 16 Stunden täglich schwer arbeiteten, sich mit ihrem Leben versöhnen und Sinn finden, denn schließlich haben sie z. B. als Kriegswitwen unseren Wohlstand aufgebaut.

Die Regression in die Kindheit mit religiösen Ritualen und Aberglauben ist gerade für diese Personen so hilfreich, weil bekanntlich Erinnerungen aus der Kindheit durch den Demenzprozess erst im Spätstadium gelöscht werden und weil Sie damit den spirituellen Zugang fördern, der heute fast in der gesamten Demenz-Literatur vernachlässigt wird.

Gelungen finde ich auch die konsequente Darstellung der Feste und Feiern als Fixpunkte im Jahreskreis, die wesentlich zur zeitlichen Orientierung beitragen und im Heim zur Lebensweltgestaltung eingeplant werden könnten. Wenn Angehörige gezielt in die Biografiearbeit z. B. mit Familienfotos, alten Erinnerungsstücken und alten Kochrezepten einbezogen würden, könnten manche dementen Personen aus ihrer sprachlosen Langeweile geholt werden. Mit alten Materialien oder Gegenständen, die Sie bekanntlich für die jahreszeitlich zentrierte Aktivierung einsetzen, fördern Sie die Wahrnehmung mit allen Sinnen, die Kommunikation, die Beschäftigung, Orientierung und Sinnfindung dementer Personen, d.h. Sie verbessern das Wohlbefinden der Bewohner im Sinne der Qualitätssicherung.

Ein Lob auch für die schönen Zeichnungen an Ihre Tochter!

Aus eigner Erfahrung – ich unterrichte noch Gerontopsychiatrie – weiß ich, dass viele Auszubildende von alten Ritualen und der Lebenswelt in der Kindheit der heute über 80jährigen Bewohner kaum etwas wissen. Ihr Buch müssten nicht nur alle Pflegenden gelesen haben, sondern als Anregung für die Fest- und Feiertagsgestaltung einplanen.

Einführung von Ute Schmidt-Hackenberg

Immer wieder bin ich bei meinen Fortbildungen auf die Bitte von jungen Altenpflegern, Therapeuten oder auch Schülern gestoßen, die fast identische Fragen stellten:

„Woher sollen wir denn das alles wissen?"

„Wir sind ohne Großmutter aufgewachsen, wer hätte uns das zeigen sollen?"

„Ich bin ein Stadtkind, soll jetzt aber demente Landfrauen betreuen. Ich weiß doch nichts von ihrem Leben, wer kann mir das denn sagen?"

„Wenn ich nicht weiß, wie wichtig für die Frauen und Männer früher der Jahreskreis mit all seinen Festen war, wie soll ich dann verstehen, was sie vermissen?"

„Ich bin evangelisch, ich weiß zwar, dass es Heilige gibt, aber welcher Heilige in welchen Monat gehört und für manchen Bewohner so wichtig ist, das kann mir auch kein Kollege sagen."

„Ich habe im Heim Menschen zu betreuen, die sind sehr gebildet, und in der gleichen Gruppe sitzen ganz einfache Leute. Da ist es sehr schwer, ein Thema zu finden, wenn man selbst nichts aus ihrem Leben weiß."

Dieser Katalog soll erstmal genügen. Alle Fragen endeten immer mit der Bitte, doch alles aufzuschreiben, was mir in meiner Zeit mit den Bewohnern – und in meiner Kindheit auf dem Land – begegnete und mich bereicherte. Nichts und nicht eine Stunde möchte ich davon vermissen. Ich betrachte diesen Schatz wie ein zweites Konto, auf dem zwar kein Geld, aber ein immateriell wertvoller Besitz eingelagert ist. Immer, wenn ich es brauche, kann ich „abheben". Je mehr ich von dem früheren Leben der Bewohner weiß, desto besser kann ich sie in ihrem gegenwärtigen Alltag begleiten. In diesem Sinn ist der vorliegende Band eine Ergänzung zu dem Buch „Wahrnehmen und Motivieren".

An alle Bewohner, die ich im Buch bewusst zu Wort kommen lasse, geht mein Dank! Viele von ihnen haben diese Welt schon verlassen. Jedes Mal, wenn ich eine ihrer Aussagen aufgeschrieben habe, war das wie ein kleines Wiedersehen mit ihnen und eigenen Erfahrungen.

Danken möchte ich auch meinem Mann und meinem Sohn, die beide geduldig eingesprungen sind, wenn ich mit der Technik des Computers in Schwierigkeiten geriet. Außerdem half mir mein Mann bei den erforderlichen Korrekturen.

Meiner Tochter gehört ein besonderes Dankeschön. Mit viel Einfühlungsvermögen hat sie die Monate bildlich kommentiert und manche Zeichnung akurat nach meinen Vorstellungen gestaltet.

Last not least, ein Danke an die Familie König, die mir in ihrem Landhotel im schönen Lautertal eine ruhige Unterkunft ermöglichte, um dieses so lange geplante Buch auch wirklich zu schreiben.

Inhalt

Januar   Seite 10
- Neujahr
- Neujahrssingen
- Neujahrsbrezel
- Vierblättriges Kleeblatt
- Schweinchen
- Schornsteinfeger
- Hufeisen
- Fischsuppe zum Neujahrstag
- 6. Januar – Die Heiligen Drei Könige
- Christbaum abschmücken
- Königskuchen
- Großer Herd in der Küche
- Küche, die Wohnküche
- Alte Kachelöfen
- Kanonenofen
- Ofenrohr
- Wäschetrocken-Gestelle
- Kinderspiele im Januar
- Mehrsitzer-Schlitten

Februar   Seite 34
- Maria Lichtmess
- Lichtmess – bei Tag ess
- Heiliger Blasius
- Heilige Veronika
- Valentinstag
- Seelentag
- Bauern
- St. Peter
- Heiliger Matthias
- Karneval, Fasching oder Fasnacht
- Weiberfasnacht
- Narrensamen
- Fasnachtsumzüge
- Dispens
- Bekleidung

März   Seite 50
- Frühbeet
- Großputz
- Vorratsraum
- Einschlagen von Wurzelgemüse
- Iden des März
- Heiliger Patrick
- Heilige Gertrud
- Frühlingsanfang
- Sprungseil
- Fangen und Verstecken
- Hüpfspiele
- Maria Verkündigung

April   Seite 68
- 1. April
- Osterfest
- Palmsonntag
- Palmesel
- Palmbuschen
- Gründonnerstag
- Abendmahl
- Karfreitag
- Fisch
- Ostermoos
- Ostersamstag
- Sprucheier
- Ostersonntag
- Osterhase
- Kinderspiele zu Ostern
- Eierschlagen
- Eier rollen
- Eierlaufen
- Eierverstecken
- Eiersammeln
- Heiliger Georg
- Walpurgisnacht

Mai   Seite 84
- 1. Mai
- Maibuschen
- Maibaum
- Mailehen
- Muttertag
- Marienmonat
- Maiglöckchen
- Waldmeister
- Maikäfer
- Heiliger Florian
- Büttel im Dorf
- Eisheilige
- Kartoffel
- Kartoffelkäfer
- Giersch
- Brennnessel
- Löwenzahn
- Kinderspiele im Mai
- Murmeln oder Schussern
- Purzelbaum schießen
- Christi Himmelfahrt

Juni　　　　　　　　　　　　　Seite 98

- Pfingsten
- Pfingstbier oder Pfingstbock
- Pfingsttanz
- Pfingstrose
- Dreifaltigkeitsfest
- Fronleichnam
- Kräuterweihe
- Heiliger Johannes
- Mittsommer
- Johanniskraut
- Peter und Paul
- Heiliger Paulus

Juli　　　　　　　　　　　　　Seite 110

- Mariä Heimsuchung
- Marmelade kochen
- Heu
- Heiliger Jakobus
- Ringelblume, Wermut, Kamille, Schafgarbe, Pfefferminze, Johanniskraut, Königskerze
- Petersilie, Schnittlauch, Basilikum, Dill, Majoran, Bohnenkraut, Kerbel, Boretsch, Estragon, Zitronenmelisse, Liebstöckel, Beifuss, Salbei, Thymian, Sauerampfer
- Großmutters Kräutermischung
- Kinderspiele im Juli

August　　　　　　　　　　　　Seite 124

- Getreideernte
- Laurentius Tag
- Mariä Himmelfahrt
- Schäferlauf
- Strandkleid
- Wanderschuhe
- Andenkenläden
- Sichelhenke

September　　　　　　　　　　Seite 136

- Heiliger Ägidius
- Kartoffelernte
- Einmieten von Gemüse
- Kirchweihfeste
- Heilige Ludmila
- Heiliger Lambertus
- Dult
- Almabtrieb
- Heiliger Michael

Oktober　　　　　　　　　　　Seite 150

- Blauer Montag
- Münchner Oktoberfest
- Heiliger Franz von Assisi
- Erntedankfest
- Erntekranz
- Tag des Rosenkranzes
- Teufel an der Kette
- Kartoffelfeuer
- Zwetschgenmus
- Dörrobst
- Heiliger Lukas
- Walnüsse
- Halloween Fest
- Wäsche waschen

November　　　　　　　　　　Seite 170

- Allerheiligen
- Allerseelen
- Seelenzopf
- Heiliger Hubertus
- Spinnstuben
- Heiliger Martin
- Bauernhof
- Tante Emma Laden
- Schlachten der Schweine
- Einpökeln
- Bügeln der Wäsche

Dezember　　　　　　　　　　Seite 186

- Advent
- Adventskranz
- Heilige Barbara
- Barbarazweige
- Klausen Klopfen
- Heiliger Nikolaus
- Wintersonnwende
- Weihnachtsbaum
- Mistelzweig
- Adventskalender
- Weihnachtskrippe
- Weihnachtsgans
- Heiliger Abend
- Bescherung
- Feiertage
- Der erste und der zweite Feiertag
- Heiliger Johannes
- Sylvester

Ute Schmidt-Hackenberg

arbeitete seit 1981 für 16 Jahre im Mutter-Werner-Heim, einem Altenpflegeheim der Gustav-Werner-Stiftung zum Bruderhaus Reutlingen, als Aktivierungstherapeutin mit desorientierten und psychisch kranken Menschen.

Seit 1982 ist sie Dozentin an verschiedenen Altenpflegeschulen für die Fächergruppe Aktivierung und Rehabilitation. Fortbildungen zu diesem Themenkreis in den verschiedensten Weiterbildungsstätten und Altenpflegeheimen im In- und Ausland gehören zu ihrem Arbeitsgebiet.

Einen Namen hat sie sich vor allem mit der von ihr entwickelten „10-Minuten-Aktivierung" gemacht. Für diese Methode erhielt Ute Schmidt-Hackenberg 1991 einen Förderpreis des baden-württembergischen Ministeriums für Arbeit, Gesundheit, Familie und Frauen.

Literaturverzeichnis

Becker-Huberti, Manfred
„Lexikon der Bräuche und Feste"
Herder Verlag Freiburg, 3/2001

Erlewein, Eugenie
„Hauswirtschaftslehre der Neuzeit", Band 1 und 2
Verlag Wilhelm Peter München, vergriffen

Garritzmann, Hermann, u.a.
„Durch das Jahr – durch das Leben"
Kösel-Verlag München, Neuausgabe 1995

Gräfin Schönfeldt, Sybil
„Feste und Bräuche"
Otto Maier Verlag Ravensburg, 1980

Specht-Tomann, Monika
„Erzähl mir dein Leben"
Walter Verlag Düsseldorf, 2003

Torsy, Jakob, u.a.
„Der große Namentagskalender"
Herder Verlag Freiburg, 2003

Woll, Johanna, u.a.
„Feste und Bräuche im Jahreslauf"
Eugen Ulmer Stuttgart, 2001

 JANUAR

Der Januar

Der Januar

Der Januar ist der erste Monat im Jahr. Er wird bis zum heutigen Tag in Österreich und Südtirol noch **Jänner** genannt. Beide Namen stammen aus der Römerzeit, abgeleitet von Janus, dem römischen Gott, der Eingänge und Ausgänge zu schützen hatte. **Hartung, Wintermonat, Schneemonat** sind weitere Namen, die man ihm gegeben hatte. Er ist der kälteste und härteste Monat des Jahres, gefürchtet von Mensch und Tier.

Neujahr

wird heute am 1. Januar gefeiert. Das war nicht immer so. Erst Ende des 17. Jahrhunderts einigte man sich auf diesen Termin als Jahresbeginn. Bis dahin betrachtete die Christenheit Weihnachten, Christi Geburt, als den Anfang aller Dinge, also auch als den Jahresbeginn.

Immer schon wird ein neues Jahr mit vielen Hoffnungen und guten Vorsätzen begonnen. Um diese Erwartungen wahr werden zu lassen, haben sowohl christliche Wünsche und Rituale als auch Gebräuche aus der heidnischen Zeit ihren festen Platz im Volk erhalten und sich oft unentwirrbar vermengt. Einige davon lohnt es, hier zu erwähnen, können sie doch Anregung sein, um im Pflegeheim-Alltag Erinnerungen zu wecken.

Bis heute feiert man den Jahreswechsel nicht gerne alleine. In alter Zeit glaubte man fest, dass böse Geister, die ja bei solchen Gelegenheiten immer lauerten, sich an eine größere Gruppe nicht heranwagten. Wenn um Mitternacht das alte Jahr zu Ende gegangen ist, läuten auf allen Kirchtürmen die Glocken. In manchen Gegenden stiegen Posaunenklänge vom Turm in den nächtlichen Himmel oder der Kirchenchor sang von der Brüstung weit ins Land. Mit möglichst lauten, schön klingenden Gesängen und Musik haben die Menschen auch Geister beeindruckt. Sie haben allen Bösen damit Angst einjagen wollen, denn, … „Wo man singt"… gilt bis zum heutigen Tag und gilt sicher auch für Geister.

Das Kirchenlied, welches zu Neujahr am häufigsten gesungen oder gespielt wird, ist nicht nur in Deutschland bekannt, es ist ein Ritual geworden: „Nun danket alle Gott mit Herzen, Mund und Händen, der große Dinge tut an uns und allen Enden, der uns von Mutterleib und Kindesbeinen an unzählig viel zu gut, bis hierher hat getan." Mit Andacht wird auch der zweite Vers gesungen. Er lautet: „Der ewig reiche Gott woll uns bei unserm Leben ein immer fröhlich Herz und edlen Frieden geben, und uns in seiner Gnad erhalten fort und fort und uns aus aller Not erlösen hier und dort."

Menschen haben sich zu allen Zeiten und an allen Orten ein gesundes Leben und Frieden gewünscht, vor allem, wenn ein neues Jahr begann. Bis zum heutigen Tag ist dieser Wunsch berechtigt, doch in vielen Ländern auf dieser Erde unerfüllt geblieben.

Das Neujahrsingen

lebt heute noch in ländlichen Gemeinden oder es wird als alte Tradition wieder zum Leben erweckt.

Junge Burschen zogen in der Neujahrsnacht von Haus zu Haus. Sie sangen, oft mehr schlecht denn recht, zuerst humorvolle Spottverse auf die Hausbewohner und endeten ihren Vortrag mit Segenswünsche für dieses Gehöft. Dafür bekamen sie eine Spende in Naturalien, meist ein Stück Speck, Eier oder Hefezopf. Die Sängergruppe verteilte die Gaben am Ende ihrer Tour so, dass die bedürftigsten Mitglieder für eine gute Festtagsmahlzeit die Zutaten mit nach Hause nehmen konnten.

Dazu ein Heimbewohner:

» Ich bin immer mitgezogen beim Singen, obwohl ich keinen einzigen Ton richtig singen kann. Ich hab' halt immer den Mund auf und zu gemacht, das hat keinen gestört. «

Das Neujahrssingen

Die Neujahrsbrezel

ist, wie die Brezel überhaupt, nicht wegzudenken aus dem süddeutschen Raum. Zum Jahreswechsel wird sie heute in allen Größen angeboten, wobei die großen gut 60 cm im Durchmesser aufbieten. Auf jeder Brezel ist der geflochtene oder gedrehte Zopf zu finden.

Erzählung eines alten Herrn aus dem Pflegeheim:

» Wir im Schwarzwald haben immer die Neujahrsbrezeln im Wirtshaus gegessen und dazu einen Most (Apfelwein) getrunken. Das gab Mut und Wärme, denn anschließend ging es singend von Haus zu Haus. Dort wurde man zur Belohnung zum Vesper eingeladen. Immer nur einer in ein Haus. Natürlich versuchte jeder von uns, in das Haus zu kommen, in dem es die schönsten Mädchen gab. Am Ende des Dorfes war der Gesang dann oft ziemlich dünn und jämmerlich. Da waren eben nur noch ein oder zwei Burschen über. Wir haben aber immer drauf geachtet, dass diese Burschen schon ein Mädle hatten, also schon in festen Händen waren. «

Eine richtige Brezellegende erzählt eine alte Bäuerin aus der Gegend um Bad Urach. Mit einem stolzen Gesichtsausdruck doziert sie:

» Wie ja alle wissen, wurde die Brezel in Urach erfunden. «

Es folgte eine beträchtliche Pause, denn die Reaktion war spärlich. Sehr befriedigt lehnte sie sich in ihrem Rollstuhl zurück, denn keiner im Kreis kannte diese Brezelgeschichte. Mit sehr viel kräftigerer Stimme berichtete sie nun weiter:

» Irgend so ein alter Graf oder so was hatte einem Bäcker, der ihm viel Pacht schuldete, folgende Aufgabe gestellt: „Schaffe Er ein Gebäck, durch welches die Sonne dreimal scheint, dann sollen Seine Schulden erlassen werden." (Dabei benützte sie tatsächlich das „Er" und „Seine", wie damals wohl der Graf oder der „so was".) Das Bäckerlein schwitzte und stöhnte, versuchte dies und das, einen ganzen Tag und die Nacht dazu. Am frühen Morgen konnte er dem überraschten Grafen (oder „so was") ein Gebäck vorstellen, durch dessen drei Fensterchen Sonne und Licht bis heute dreimal scheinen. «

Tief atmet die Erzählerin ein und berichtet weiter:

» Es ist wichtig, dass eine Brezel richtig geformt ist, sonst ist es halt so ein Ding aus Teig, aber keine Brezel. «

Immer noch herrschte gespanntes Schweigen in der Gruppe und voll Selbstwertgefühl fährt sie mit ihrem Bericht fort:

» Am Neujahrstag saßen doch in unserer Gegend früher Jungmänner und Mädchen im Gasthaus, am Tisch. Wohlvermerkt nicht etwa alleine, nein, eine „Aufpasserin" war immer dabei. Auf dem Tisch stand ein Körbchen mit Brezeln. Waren sich nun ein junger Mann und ein Mädchen im Lauf des vergangenen Jahres einig geworden und wollten dies der Öffentlichkeit mitteilen, griffen sie beide am Neujahrstag dort am Tisch gleichzeitig nach einer Brezel. Da wussten es alle, auch ohne Worte. «

Alle Zuhörer haben aufmerksam gelauscht, keiner hatte jedoch verstanden, was damit gemeint war. Sie erklärt deshalb nochmals ganz langsam, so wie man das für begriffsstutzige Menschen tut:

» Also, symbolisch teilten sie so allen mit: Bisher hat jeder aus seinem eigenen, kleinen Fenster geschaut (Brezellöcher oben). Ab diesem Jahr haben wir ein gemeinsames, großes Fenster (Brezelloch groß und unten). Deshalb muss die Brezel richtig geformt sein. «

Voller Stolz verschränkt sie die Hände über ihrem Bauch, lächelt alle der Reihe nach freundlich an und meint verschmitzt:

» Ja, wir Alten wissen auch manches! «

Viele heute noch gebräuchlichen **Glückssymbole** gehören zum Jahresanfang. Sie sind nicht wegzudenken von Postkarten, Geschenkpapier, Torten oder Blumengestecken dieser Festzeit.

Das vierblättrige Kleeblatt

bringt Glück, denn es ist selbst so selten zu finden wie das Glück im Leben. Wer aber ein solches Kleeblatt entdeckt, dem wird das Glück gleich vierfach blühen.

Originalbericht einer Dame aus dem Heim:

» Als wir Kinder waren, gab es auf dem Land nicht so viel Vergnügungen und Abwechslungen. Oft sind wir am Sonntag Nachmittag auf die Kleefelder hinaus gezogen und haben nach vierblättrigen Kleeblättern gesucht. Das war gar nicht so einfach, denn eigentlich ist ein vierblättriges Kleeblatt ja eine Missgeburt. Der normale Klee hat nur drei Blätter. Wenn dann ein Kind eines mit vier Blättern gefunden hatte, war das ein Jubel. Von allen anderen Kindern wurde der Finder beneidet. Wir glaubten alle fest daran, dass er oder sie jetzt im weiteren Leben nichts als Glück haben wird. Das Kleeblatt wurde vorsichtig in das Taschentüchle gelegt und kam zu Hause ins Gesangbuch zum Trocknen. Auch da gab es feste Regeln. Das Kleeblatt durfte nie ohne ein „Bettchen" in das Buch gelegt werden (damit es keine Flecken gab). Das „Bett" waren zwei Schichten Zeitungspapier, eine zum Draufliegen, eine zum Zudecken. Es musste immer in die Mitte des Gesangbuches eingelegt werden, damit es von beiden Seiten gut gepolstert war. «

Das Schweinchen

Rosig und rund aus Marzipan oder Kuchenteig gebacken, erinnert es kaum noch an seinen Urahn, den wilden Eber, der schon den germanischen Göttern heilig war und für Glück sorgte. Redensarten wie : „Da hat einer aber Schwein gehabt", erinnern noch heute daran. Im schwäbischen Dialekt ist das Wort für „Sau"= Eber = Glücksschwein fest verankert. Wenn ein Schwabe sehr schnell läuft, superschnell, dann sagt er: „Da bin ich vielleicht sauschnell gerannt!" oder einfach „gesaut".

Meint er vielleicht lobend: „Das schmeckt aber saumäßig gut, oder in einem anderen Fall: „Das tut mir saumäßig leid", hat das alles nichts mit dem Stalltier zu tun oder gar mit Schmutz. Es ist die Höchstform seiner Ausdrucksmöglichkeit, so wie Glück die Höchstform des Wohlbehagens ist.

Der Schornsteinfeger

Ab und zu sieht man ihn in voller Montur auch heute noch in der Stadt. Sein Anblick macht uns immer froh, jeder weiß, das bringt Glück. Selbst Menschen, die nicht „an so was glauben", lächeln ihm zu. Vielleicht ist das schon das Glück?

Unbestritten ist die Wichtigkeit seiner Arbeit. Er sorgt dafür, dass der Herd warm bleibt, das heißt, der Kamin so sauber ist, dass der Brand genügend Luft hat, gut zieht und brennen kann. Dann kann gekocht werden, und die Mahlzeit steht rechtzeitig auf dem Tisch. Satte Leute sind zufriedene Leute, auch das ist Glück.

Die Schweinchen

Einen Schornsteinfeger berühren ist vielen Menschen wichtig, erhoffen sie sich doch, dass von seiner Person auch ein Stückchen Glück auf sie übergeht, so wie andere eine Heiligenfigur anfassen oder deren Füße küssen. (Petersdom in Rom, die Mosesfigur hat einen durch die Jahrhunderte flach geküssten großen Zeh.)

Das Hufeisen

Es ist ein Glückssymbol, welches man in jeder Bäckerei täglich kaufen kann. Als Hörnchen angeboten, ob salzig oder mit Mandeln zubereitet, erinnert es an ein Hufeisen. Der germanischen Göttersage nach hat Wotans Pferd auf der „Wilden Jagd" ein Hufeisen verloren. Dort, wo es lag, gab es von seiner Kraft ab und brachte so Glück in Haus und Hof, Wohlstand durch reiche Ernten.

Deshalb werden Hufeisen gerne über Türen angebracht, wobei es nicht gleichgültig ist, wie herum das Eisen hängt. Zeigen seine offenen Arme nach unten, bedeutet das: Das Glück möge mit weit geöffneten Armen ins Haus einziehen. Öffnet es seine Arme aber nach oben, so soll das ausdrücken: Aller Segen, alles Glück von oben oder von der Seite, wird aufgesammelt und festgehalten.

Im Norden Deutschlands, an der Küste, dort wo der Fischfang heimisch ist, gehörte als Glückssymbol die

Fischschuppe zum Neujahrstag.

Man legte sich am Neujahresmorgen eine besonders schöne Fischschuppe in den Geldbeutel und wünschte damit, das Geld möge sich so zahlreich in der Börse ansammeln und so haltbar sein und bleiben wie die Schuppen auf einem Fisch.

6. Januar
Dreikönig, Erscheinungsfest, Epiphania

Das erste große Fest im Jahr ist Dreikönig. Es wird auch Erscheinungsfest oder Epiphania Domini genannt, wobei das Domini meist nur in der Kirche gebräuchlich ist. Jesus Christus wird an diesem Tag als Gott bestätigt.

Das **Dreikönigsfest** erinnert an die drei Weisen aus dem Morgenland. Das Evangelium berichtet von ihrer weiten Reise nach Bethlehem, immer dem neuen, strahlenden Stern entgegen. Die Namen der Magier, Sterndeuter, Weisen oder Könige lauteten: „Kaspar, Melchior und Balthasar."

Die weite und beschwerliche Reise so hochgestellter Persönlichkeiten war etwas Besonderes. Sie wurden zu Schutzpatronen aller Reisenden. Bis zum heutigen Tag finden wir eine Erinnerung an sie in den Namen von Gasthäusern oder Hotels, für weit Reisende unentbehrlich damals und heute. Namen wie: „Dreikönig", „Zum Mohren", „Stern" oder „Krone" treffen wir im ganzen Land an.

Um 1100 herum sollen die Gebeine der Könige nach Köln verbracht worden sein. Ihnen zu Ehren wurde dort der eindrucksvolle Dom errichtet, den jährlich unendlich viele Menschen (meist besucht in ganz Deutschland!) bestaunen, darunter sicher zahllose, die nicht wissen, welchen Schatz dieses Gotteshaus beherbergt. Das einfache Volk hat die Weisen hoch verehrt, und ihnen zu Ehren folgen auch sie einem Stern am Dreikönigstag. Schon im Mittelalter entstand das Sternensingen.

Die heiligen Drei Könige

Am Abend vor dem Dreikönigsfest ziehen die Kinder mit einem Goldpapierstern an einer langen Stange durch ihr Dorf, klopfen an jede Tür und singen ein Segenslied:
„Die heiligen drei König mit ihrigem Stern,
Woll'n wir euch verkünden, ihr Damen und Herrn,
Das Sternlein gab ihnen den Schein,
Und führte sie nach Bethlehem rein."

Das ist nur einer der Verse, die Jahr für Jahr gesungen werden. Die Verkleidung als Kaspar, Melchior und Balthasar kann sehr abenteuerlich ausfallen. Nie aber vergessen sie, einem der „Könige" ein schwarzes Gesicht zu schminken.

Bericht eines alten Bauern von der Gegend um Reutlingen:

» Wir waren jedes Jahr Sternensinger. Ich war immer der Mohr, weil ich beim Singen halt nie den rechten Ton erwischte. Die anderen meinten, einer der so schwarz aussieht, der darf auch ruhig falsch singen oder brummen, das passt dann schon. «

Das allgemeine Gelächter der Gruppe ermutigt ihn, weiter zu berichten:

» Einmal, da habe ich mein Gesicht nicht mit Ruß, sondern mit schwarzer Stiefelwichse angemalt. Ich habe am Abend geglaubt, ich würde die Farbe nie mehr abkriegen. Meine Mutter hat geschimpft, die Brüder haben gelacht, und der Vater meinte, ich wäre aber selten dumm. Am Schluss half nur noch Ata. Meine Haut war so rot wie eine Tomate und hat gebrannt wie Feuer. «

Die „Drei Könige und ihr Stern" gehen nie für sich alleine. Alle Kinder des Dorfes, ein wahrer Tross, wie es wohl am Originalschauplatz auch war, folgt dem Stern und den Sängern.
Die Gaben, die einst die Könige oder Weisen für das Jesuskind gebracht haben, werden nun wieder an Kinder vergeben und am Ende gerecht verteilt. Meist handelt es sich um Süßigkeiten, Plätzchen und Kuchen, alles noch von den Festtagen übrig, wird gerne gespendet. Nur manchmal, wenn gar nichts im Hause ist, gibt es auch ein paar Münzen, sehr geschätzt zu allen Zeiten und immer schwierig in der anschließenden Verteilung. Hatte man z.B. 15 Pfennige bekommen und es waren 14 Kinder dabei, blieb nichts anderes über, als den einen Pfennig in der Kirche zu opfern. „Nicht gern, aber was sollte man denn machen?" Ein ehemaliger „König" gab das zum Besten.

Heute haben sich Sternensinger diese Möglichkeit zu Eigen gemacht und sammeln nur Geld, z.B. für „Brot für die Welt" oder für andere Wohlfahrtsverbände.

Den Königen aus dem Morgenland trauten arme und reiche, gebildete und einfache Leute wahre Wunder zu. Hatten sie sich nicht einst schützend vor das Jesuskind gestellt, es durch weise Voraussicht vor Verfolgung und Tod bewahrt? Haben sie nicht den armen Eltern von Jesus durch ihre Gaben die Flucht nach Ägypten ermöglicht? Diese Schutz- und Vorsorgekräfte erhofft man sich nun auch für den eigenen Familienverband. Unglück und Böses sollen sie fernhalten, Sicherheit und Zufriedenheit gewährleisten. Noch heute schreibt deshalb der Pfarrer, mancherorts auch der Hausherr, mit Kreide an die Haustüren oder Türstöcke die Anfangsbuchstaben der Heiligen: C.B.M. Für gewöhnlich kommen drei Kreuze dazu und die Jahreszahl. Gläubige Christen sehen und lesen dies allerdings anders. Für sie bedeutet es die Abkürzung von: „Christus Mansionem Benedicat" = Christus schütze mein Haus.

Eine große Zahl von Gebräuchen und Gepflogenheiten sind bekannt. Sie werden bis heute gepflegt und gelebt. Jede Gegend kennt und schätzt ihre eigene Sitte. In den letzten Jahren ist altes Brauchtum in den Gemeinden unserer Länder wieder zum Leben erweckt worden. Man besinnt sich auf seine Wurzel, sehr zur Freude der Alten.

Christbaum abschmücken

Fast allgemein üblich ist, dass der Weihnachtsbaum bis zu diesem Tag, dem 6. Januar, im Wohnzimmer verbleibt. Da früher vor allem mit „Gaben des Lebens", also Äpfeln, Nüssen und Lebkuchen, der Baum geschmückt war, durfte er nun geplündert werden; wieder eine Querverbindung zu den Sternensinger-Gaben.

Der Königskuchen

wurde für dieses Fest kreiert, wir kennen ihn noch heute als besonders nahrhaften Rührkuchen. Früher versteckte man darin – je nach Landschaft – eine Bohne, eine Erbse, eine Mandel oder sogar ein Geldstück. Wer in seinem Kuchenstück fündig wurde, war „König", durfte die Gesellschaftsspiele an diesem Festtag bestimmen, wurde von häuslichen Pflichten, wie dem Abwasch befreit, kurz, er hatte Glück, es ging ihm königlich. Immer und überall ist dieses Fest mit Geschenken oder Gaben verbunden und erinnert an die Gaben der drei Könige.

Eine Heimbewohnerin aus Italien, 87 Jahre alt, erzählte mir ihre Kindheitserinnerung: In Italien beschert eine Hexe namens „Befana" die Kinder in der Nacht zum 6. Januar. Die Mär berichtet:

» Die nicht immer sehr freundliche Hexe Befana (Verkürzung von Epiphania) hätte in der Weihnachtsnacht die Hirten heimlich belauscht und so die Botschaft von der Geburt des Jesuskindes erfahren. Aber alles hat sie wohl doch nicht verstanden, denn sie hat den Stern verfehlt, der über dem Stall stand. Seither sucht sie bei allen Sternen und in allen Häusern unter den Sternen nach dem Wunderkind. Die Befana reitet auf ihrem Besen über das ganze Land, schaut tief in jeden Kamin, dadurch wird sie auch so schwarz. In den Winternächten ist dies die einzige Möglichkeit, Einblick in ein Haus zu haben. Sie sucht die ganze Nacht nach dem Christkind, dem sie auch eine Gabe bringen will. Da sie keine Hinweise findet, wirft sie vorsichtshalber in jedes Haus, in jeden Kamin ein paar Geschenke. Man kann nie wissen ... Die Kinderschuhe, die dort zum Trocknen stehen, fangen die Süßigkeiten auf. In manchen Schuhen landet aber nur ein Stückchen Kohle, denn die Befana rumort so sehr, dass sich vom Kaminrand oft etwas löst und hinunter fällt. Dieses Kind muss sein Gewissen erforschen, seine Unarten bereuen, damit im nächsten Jahr die Schuhe nicht wieder leer bleiben oder nur schwarze Kohle enthalten. «

Eine Sitte aus meiner Heimatstadt Reutlingen möchte ich noch beschreiben. Wieder steht der Stern im Mittelpunkt.
  Der erste Donnerstag nach Dreikönig ist **„Mutscheltag"**. Die Mutschel ist ein sternförmiges Mürbteiggebäck. In verschiedenen Größen ist sie um den Jahreswechsel bei jedem Reutlinger Bäcker zu kaufen. Es gibt sie süß oder salzig, für jeden Geschmack passend. Auf ihrer Oberseite liegt ein knuspriger, geflochtener Teigkranz, der besonders schmackhaft ist. Kranz und Zopf sind alte Symbole. Der Kranz oder Kreis des Lebens, das Verflochtensein mit dem Schicksal, sind nur zwei der vielen Erklärungen.

Am Mutscheltag-Abend trifft man sich im Freundeskreis, zu Hause oder in seinem Stamm-Lokal zum „Mutscheln". Fremde, die an diesem Abend in eine Reutlinger Gastwirtschaft kommen, stellen überrascht fest, dass alle Tische von Freundeskreisen besetzt sind, die um dieses Gebäck würfeln. Es gibt eine ganze Reihe von Mutschel-Würfelspielen, und trotz allem Ernst, mit dem gewürfelt wird, ist viel Gelächter dabei. Je nach Spiel braucht man einen oder mehrere Würfel. Der Sieger bekommt den größten Mutschelstern als Preis mit nach Hause.

Eine Dame erzählt:

» Auf das Mutscheln freut man sich schon gleich nach Neujahr. Ich bin immer mit allen Kolleginnen und Kollegen aus dem Büro gegangen, das war einer der schönsten Abende mit allen, viel schöner als die Weihnachtsfeier. «

Ein Herr, 89 Jahre alt, berichtet aus seiner Kinderheit und Jugendzeit:

» Die Dreikönigsnacht ist die letzte der „Rauen Nächte". In denen ist draußen nichts geheuer. Seit Weihnachten sind zwölf Tage vergangen. Alle zwölf Nächte sind Zaubernächte, in denen nichts ist wie sonst. «

Ein anderer Herr:

» Was man träumt, geht in Erfüllung. Manchmal stimmt das auch, wenn man nicht vergisst, was man geträumt hat. «

Das Wasser hat in dieser Nacht eine starke Heilkraft. Deshalb hat man sich an diesem Tag von Kopf bis Fuß gewaschen. Da aber, wie immer im Leben das Böse nicht fern ist, genügt es nicht, sich nur selbst zu waschen. Es ist sinnvoll, das Tor besonders sorgfältig zu verschließen, und einen Tropfen Wasser auf die Klinke zu geben, damit das Unheil nicht herein kann.

Eine Dame:

» Meine Großmutter hat das in jedem Jahr gemacht, später dann noch meine Mutter. «

Alter Aberglaube mit sinnvollem Tun vermischt sich hier. Es war sicher nicht falsch, sich am Anfang des Jahres von Kopf bis Fuß zu waschen, vor allem in einer Zeit, in der Hygiene noch keinen Stellenwert besaß. Es war sicher auch gut, alle Türklinken einmal abzuwaschen, was immer auch die Begründung dafür war.

Das **Dreikönigsfest** oder **Epiphania**. Wie hat man diesen Tag begangen? Selbstverständlich besuchte man an diesem Tag den Gottesdienst. Viele Bewohner berichten, dass dies schon manches Jahr ein kleines Abenteuer war.

Eine ganz schmächtige kleine Bewohnerin erzählt:

» Ich erinnere mich an ein Epiphania, das werde ich nie vergessen, und wenn ich hundert Jahre alt werden sollte. Die ganze Nacht vor dem Fest hat es schrecklich gestürmt, es war eiskalt, und der Schnee fiel so dicht, dass man nicht einen Meter weit sehen konnte. Trotzdem sollte die ganze Familie in die Kirche gehen, meine Mutter war eine sehr gläubige Frau, und mein Vater wollte es ihr recht machen. Vater ging voraus, Mutter hielt sich an seinem Rücken fest, und hinter ihr klammerten sich die zwei Kleinen an ihren Mantel. Mein Bruder und ich bildeten die Nachhut, wobei jeder von uns einen der Kleinen am Kragen festhielt. Wie Vater den Weg gefunden hat, ist mir heute noch ein Rätsel, so dicht fiel der Schnee. Nach dem Gottesdienst war es noch schlimmer, aber wieder setzte Mutter ihren Willen durch, und wir machten uns auf den Heimweg. Wir stapften und stapften, der Weg wollte kein Ende nehmen und langsam wurde es allen klar: „Wir hatten uns verirrt." Vater schimpfte, Mutter grollte, und die Kleinen weinten. Da war guter Rat teuer. Weil es aber so bitterkalt und stürmisch war, konnten wir nicht lange stehen bleiben, wir mussten uns bewegen, um nicht zu erfrieren. Also ging es weiter. Nach einer Ewigkeit, so schien es mir wenigstens, sahen wir den Schatten von einem Gehöft im Schneetreiben auftauchen. Wir dachten erfreut: „Jetzt haben wir doch unseren Hof gefunden!" Als wir näher kamen, sahen wir durch das Schneegestöber: "Das war nicht unser Hof, sondern die Kirche, von wo aus wir Stunden vorher losgewandert waren! «

Die alte Dame kichert vor sich hin und beendet ihren Bericht:

» Ich habe meinen Vater nie fluchen gehört, aber so, wie er damals geflucht hat, das kann man nicht wiederholen. Wir blieben den ganzen stürmischen Nachmittag bei unserem Pfarrer und seinen Gästen. Erst gegen Abend änderte sich das Wetter, und wir zogen mit einer Laterne heim. Das Vieh musste doch versorgt werden. «

Das Festessen an allen Feiertagen war stets der Höhepunkt des Tages. Auch wir krönen in unsrer Zeit des Überflusses doch unsere Feste mit einem schönen, gepflegten Essen. Damals war das tägliche Sattwerden noch keine Selbstverständlichkeit. Fleisch gab es in der bürgerlichen Familie nur am Sonntag, in der ärmeren Schicht nur an hohen Feiertagen. Aus dieser Sicht waren alle Feiertage, alle Heiligengedenktage hochwillkommen, gab es doch dann immer außer dem Sonntagsbraten eine Reihe von Leckereien. Das Mittagessen hatte an diesen Tagen drei Gänge: Vorsuppe, Hauptgericht mit Fleisch und den Nachtisch. Nicht selten gab es auch ein Gläschen Wein, für die Kinder als „Kinderwein" herrlichen Himbeersaft oder gar die prickelnde Limonade, schön süß und schön farbig, grün, gelb oder rot. In den ärmeren Familien galt für diese Tage: Es kam soviel auf den Tisch, dass jeder satt wieder aufstehen konnte. Frauen haben da in dieser Zeit wahre Wunder vollbracht.

An gewöhnlichen Sonntagen gab es auch in gut bürgerlichen Familien kein Luxusessen. Entweder es gab Suppe vorher oder einen Nachtisch hinter dem Hauptgericht. Beides konnten sich nur wenige, sehr gut situierte Familien leisten.

Nach dem Essen folgte an Festtagen der gewaltige Abwasch, den die Kinder übernehmen mussten, sobald sie dazu in der Lage waren. Vater rauchte sein Pfeifchen oder genoss sein Mittagsschläfchen. Die Mutter richtete schon den Tisch für den Nachmittagskaffee schön festlich, denn dies war die Jahreszeit, in der man sich gegenseitig besuchte. Feiertage waren geradezu ideal, hatte man doch auch auf dem Kaffeetisch einiges zu bieten.

Wieder eine Bewohnerin:

» Wenn man an Dreikönig nicht selbst eingeladen war, nutzte man die Gelegenheit, um seinen Verpflichtungen nachzukommen. Bestimmte Leute musste man einladen, das verlangte die Sitte, da gab es kein Pardon. Das war nicht immer ein Vergnügen. Die Eltern wollten alles recht machen und waren ganz verspannt. Wir Kinder mussten so artig sein, dass wir uns fast nicht zu atmen wagten. Wenn der Gemeindevorsteher kam, war es am Schlimmsten, der piekste uns immer scherzhaft mit seinem Stock in den Rücken. Wir sollten dann lachen, aber das tat weh! «

An einem Festtag wie Dreikönig gab es auch in einfachen Familien „echten Kaffee", Bohnenkaffee war damit gemeint. Die Bohnen waren sehr kostbar und nur für besondere Sonn- oder Festtage reserviert. Normalerweise trank man „Lindes oder Kathreiner", beide aus Gerste geröstet. Kuchen gab es auf jeden Fall, und die Auswahl war groß. Da gab es noch Reste vom Weihnachtsstollen, auch den Königskuchen und mit Sicherheit noch irgendein edles Stück, mit dem die Hausfrau ihre Fertigkeit als gute Feinbäckerin beweisen konnte. Sicherlich konnten auch noch Reste vom Weihnachtsgebäck angeboten werden.

Im Schwabenland verlangt es heute noch die Ehre einer guten Hausfrau, möglichst vielerlei verschiedene „Gutsle" herzustellen. Sehr sparsam ging man damit um, alles war nur für die Feiertage bestimmt, und vor dem Fest gab es natürlich kein Stück. War Kaffee und Kuchen verspeist, hatte ein Gast die Bohne in seinem Kuchenstück gefunden, durfte er die Gesellschaftsspiele bestimmen, die den Nachmittag abrunden sollten. Die älteren Herrschaften zogen sich etwas zurück, und die Jugend spielte. Sehr gerne sogar, war das doch die Gelegenheit, dem anderen Geschlecht näher zu kommen. Man konnte/musste sich dabei etwas ins Ohr flüstern, was schon fast ein zarter Kuss war (Flüsterspiele). Bei Pfänderspielen durfte/musste man dem Partner ein Stück seiner eigenen Bekleidung abverlangen.

Ausspruch einer Pflegeheimbewohnerin:

» Wahre Wonneschauer sind einem da über den Rücken gelaufen, wenn man plötzlich die Krawatte des Angebeteten in Händen hielt, und das alles völlig legal. «

Wie ging der Tag zu Ende? Unterschiedliche Versionen kann ich berichten. In manchen Gegenden gingen alle, Familienangehörige und Gäste, zum Abschluss dieses Feiertages noch gemeinsam in die Kirche zur Abendandacht. Man verabschiedete sich nach dem Gottesdienst mit vielen Danksagungen, guten Wünschen und der jetzt schon abgegebenen Gegeneinladung für das nächste Jahr.
    In anderen Familien spielte die Jugend bis genau 18.00 Uhr. „Dann gingen anständige Leute heim, denn sonst hätte man sie ja zum Nachtessen einladen müssen." Ein Herr, aus gutem Hause, wie er immer betone, trug diese Art der Festbeendigung bei. In allen Fällen wird berichtet, dass das gegenseitige Bedanken sehr wichtig war, obwohl das schon damals wie heute für Kinder und Jugendliche wie Spitzgras war.

Es gab nicht nur Feiertage im Januar. Eiskalt, dunkel und oft sehr stürmisch machte er den Menschen das Leben schwer. Für uns heute birgt der „Schneemonat" keine solche Schrecken mehr. Sicher, wenn das Wetter verrückt spielt, dann bricht auch bei uns der Verkehr zusammen, aber nach einigen Stunden Chaos läuft alles wieder seinen gewohnten Gang. Alle unsere alten Damen und Herren behaupten aber, solche Winter wie in ihrer Kindheit gäbe es heute gar nicht mehr.

Es gibt nachweislich eine Klimaveränderung, zum anderen spielt auch die „gefühlte Temperatur" eine Rolle, deren Existenz man heute auch nicht mehr bestreitet. Wir haben mit unseren heutigen Heizmöglichkeiten keine richtige Vorstellung mehr davon, wie mühselig es noch vor ungefähr 50 Jahren war, eine Wohnung im Winter warm zu haben. Im Haushalt der meisten Menschen gab es keine Zentralheizung. In reichen Familien traf man schon hie und da eine solche Heizung an, die mit Koks oder Steinkohle-Brocken betrieben wurde. Die Befeuerung des riesigen Ofenungeheuers war Sache des Hausmeisters, sofern man einen angestellt hatte. Unmengen von Kohlen wurden dem gefräßigen Moloch ins Maul geschaufelt, denn wehe, das Feuer ging aus! Die Arbeit, ihn dann zu reinigen, und wieder in Betrieb zu setzen, muss so aufwendig gewesen sein, dass es noch heute unvergessen ist.

Ein Bewohner lehnt sich in seinem Stuhl zurück und lässt noch in der Erinnerung beide Arme erschöpft hängen. Er erzählt:

» Ich war bei einem feinen Herrn angestellt. Als der dann eine bessere (Bezeichnung für aus einer gehobenen Schicht stammenden) Frau geheiratet hatte, musste eine Zentralheizung eingebaut werden. Ich war zuständig für den Betrieb der Anlage im Winter. Das war ein richtiges Ungeheuer, diese Heizung, bösartig war sie. Wenn man sie nicht ganz vorsichtig bediente, dann ging sie sofort aus und qualmte wie ein richtiger Höllenschlund durchs ganze Haus. Dann musste man alle angekokelten Kohlen wieder herausziehen, alles ganz sauber fegen und neu anfeuern. Da vergingen Stunden, und die gnädige Frau jammerte, weil es im Haus so kalt war. «

Bei Müllers und Meiers, sprich im gut bürgerlichen Haus, gab es Zimmeröfen und das beileibe nicht in jedem Zimmer. Schlafräume, Kinderschlafzimmer, Flure und Treppenhäuser waren nicht beheizbar. Auch die Toilette oder das Bad, falls es das im Haus schon gab, waren eiskalt. Falls man noch ein Plumpsklo hatte (gar nicht so selten, vor allem im ländlichen Bereich), war nur zu häufig das Wasser in der Kanne zum Nachspülen tagelang eingefroren.

Eisblumen an den Fensterscheiben gehörten an kalten Januartagen einfach dazu. Dicke, lange Rollen, gefüllt mit Sägemehl oder Holzwolle, hielten die Zugluft ab. Man legte sie, bis weit nach dem zweiten Weltkrieg, noch vor alle Türen in der Wohnung und auch auf jedes Fensterbrett. Ohne Winterfenster oder Vorfenster konnte man sich die kalte Zeit gar nicht vorstellen. Die zusätzlichen großen Fenster, oft mit nur einem Flügel zum Öffnen, wurden im Herbst vor allen Fenster eingehängt. Heizmaterial war teuer und in den fürchterlichen Jahren nach dem Krieg fasst überhaupt nicht zu bekommen.

Eine Feuerstelle aber gab es in jedem Haushalt, die nie erkaltete. Das war der

großer Herd in der Küche.

Tagelang konnten die Damen über ihn berichten, und auch aus meiner eigenen Kinderzeit ist der Küchenherd eine liebenswerte Erinnerung. Groß war er, oft schwarz oder weiß und glänzend emailliert. Eine silberfarbene oder sogar Messing-Stange lief um die Herdplatte herum.

Originalton einer demenziell erkrankten alten Dame:

» An der konnte man so schön die Handtücher zum Trocknen aufhängen. «

» Die Herdplatten hatten Ringe aus Eisen, die konnte man mit dem Schürhaken abnehmen und so jeweils den Topf einhängen. Das sparte Brennmaterial, denn die Hälfte des Kochgutes hatte so ringsum Feuerhitze. «

Dies berichtet ein ehemaliger Koch.

» Das Wasserschiff war ganz wichtig, den ganzen Winter durch gab es da Tag und Nacht warmes Wasser. Es gab ja noch nicht überall Wasserleitungen und schon gar keine, aus denen warmes Wasser kam. «

So ergänzt eine andere Dame die Herdgeschichten.

Im alten Küchenherd ging das Feuer das ganze Jahr hindurch niemals aus. Nachts wickelte man ein Brikett oder ein dickes Buchenscheit in angefeuchtetes Zeitungspapier und hatte so am nächsten Morgen noch schöne Glut, aus der sich schnell ein kräftiges Feuer entfachen ließ.

Eine Dame sitzt ganz versunken in ihre Erinnerungen im Rollstuhl und meint mit zittrigem Stimmchen:

» Wenn man an einem regnerischen oder kalten Tag von der Schule nach Hause kam, war der erste Weg in die Küche. Der dicke alte Herd hat jeden mit Wärme begrüßt, wie ein guter Freund. «

Die Küche, die Wohnküche

war der Mittelpunkt der Familie. Hier spielte sich das Leben ab. Meist etwas in der Ecke stand der große, schwere Tisch, an dem die ganze Familie auf den derben Holzbänken Platz fand. Dort saß Vater nach Feierabend mit seiner Zeitung, dort stopfte Mutter die Strümpfe oder verlas die Linsen für die Mahlzeit am anderen Tag. Alle Schularbeiten wurden hier gemacht, während nebenan die Kleinen mit ihrem Spielzeug beschäftigt waren.

Das war das ZUHAUSE, nach dem sich viele unserer demenziell Erkrankten heute sehnen. Die Geborgenheit und Sicherheit in ihren Kindertagen dort in der Küche, in der Gruppe fehlt ihnen. Sie haben es ja erlebt, auch die Großeltern waren am Tisch dabei, ohne Verpflichtung. Großvater rauchte vielleicht sein Pfeifchen, und die Großmutter pusselte an einem Strickstrumpf herum, es wurde nichts Besonderes geboten, und deshalb war es so „besonders" angenehm.

Eine Schilderung aber hat mich sehr beeindruckt, ich möchte sie hier wiedergeben. Die Dame berichtet mit glänzenden Augen:

» Wir saßen alle um einen Tisch, es gab ja keine Sessel, in denen man rumlümmeln konnte. Jeder sah den anderen ins Gesicht, es gab auch keinen Fernseher, auf den alle gucken mussten, und kein Radio, auf das man hörte. An den Gesichtern im Kreis konnte man immer sehen, wie es dem anderen geht, auch dann, wenn er keinen Ton gesagt hat. «

Das an einem Tisch sitzen, im Kreis zusammengehören, spielt für alte Menschen eine viel größere Rolle als wir oft denken. Unverständlich, dass wir in den Wohnzimmern der demenziell erkrankten Bewohner immer „Gasthaus-Atmosphäre" schaffen, indem wir sie alle an einzelnen Tischen unterbringen. Ich weiß aus langjähriger Erfahrung, das kann auch zu Ärger führen. Fremde brauchen Zeit, bis sie sich aneinander gewöhnt haben. Oft hilft schon ein kleines Umsetzen, so nach dem Motto: „Aus den Augen, aus dem Sinn". An anderer Stelle mit anderen Personen kann sich sogar eine Freundschaft entwickeln.

Hat sich nun aber winters Besuch angesagt, oder es war ein Sonntag, gar ein Feiertag, dann wurde in der guten Stube oder im guten Zimmer „Feuer gemacht". Natürlich meinte man damit im dortigen Ofen. Herrliche Schmuckstücke konnten diese Öfen sein. Aus Gusseisen und glänzend poliert sowie mit Schnörkeln verziert oder mit wunderschönen Kacheln in allen Farben, von Tischhöhe bis Zimmerhöhen konnte man sie antreffen. Viele hatten einen so genannten „Sims", das war ein Aufsatz aus Keramik oder anderem Material, er

Die Wohnküche

diente nur der Verzierung und wirkte fast wie eine Krone. Noch eine feine Sache bot so ein Ofen. Etwa auf der Mitte hatte er zwei Türchen aus Gusseisen, schön verziert. Dahinter war eine richtige kleine Herdplatte in den Ofen eingebaut. Eigentlich war sie gedacht, um Wasser oder Essen für Nachzügler warm zu halten. Kinder aus allen Generationen hatten aber bald entdeckt, dass diese Platte sich direkt anbietet, um Bratäpfel herzustellen. Der Duft, der dann durch den Raum zog, ist alten Damen und Herren noch gut in Erinnerung.

Wir wissen heute, dass Düfte ein Leben lang im Gedächtnis gespeichert werden können. Es ist eine freundliche, aber keine zeitaufwendige Geste, sie für demenziell erkrankte Bewohner in unterschiedlichster Form immer mal wieder abzurufen.

Die alten Kachelöfen

möchte ich auch nicht vergessen. Auf ihrem Bänkchen, mit dem Rücken an den warmen Kacheln, kann man den kältesten Januartagen trotzen. Im sparsamen Schwabenland hat man sie sogar zu einer „Schwäbischen Dampfheizung" veredelt. Ich selbst habe in meiner Jugendzeit noch in einer Wohnung mit einer solchen Heizanlage gelebt. Unsere Eltern waren sehr stolz auf diesen Fortschritt. Der Kachelofen wurde für eine Dampfheizung so in die Wohnung gesetzt, dass er zwei Zimmer bedienen konnte. Er stand mit dem größeren Teil im Wohnzimmer, mit dem kleineren ragte er in das Nebenzimmer. Eine Wand trennte die beiden Räume und die beiden Ofenhälften. Mit einer tablettgroßen Gitterklappe, die vom Wohnzimmer in ein drittes Zimmer, meist das Schlafzimmer, führte, konnte man diesen Raum wenigsten von der klammen Eiseskälte befreien. „Überschlagen mit Wärme", nannte man das. Tagsüber wurden die Lamellen geschlossen, und die Wärme blieb im Wohnraum. Da der Ofen vom Flur aus beheizt wurde, bekam auch die Diele etwas Wärme ab und wirkte wohnlicher. Während des 2. Weltkrieges und noch bis in die 60er Jahre lebten viele Kriegerwitwen davon, dass sie ein oder zwei Zimmer ihrer Wohnung möbliert vermieteten. Da dies meist Räume ohne Ofen waren, wurde gerne ein

Kanonenofen

hineingestellt. Er war aus Gusseisen, hatte die Form eines Kanonenrohres, oben ein Türchen, um Brennmaterial nachzulegen, und unten hatte er zwei Klappen übereinander. Die untere diente dem Aschekasten, die andere brauchte man, um das Feuer anzulegen. Auf dünnen, meist geschwungenen Beinchen stand das Öfchen im Zimmer, verströmte eine Bullenhitze und erkaltete schlagartig, wenn nicht rechtzeitig nachgelegt wurde. Eine Schönheit war es nicht, aber es hat manchem „möblierten Herren" über kalte Winterabende geholfen.

Ofenrohr

Das Kapitel über die Öfen, ohne die ein Januar nicht denkbar war, kann nur mit Erwähnung der obligatorischen Ofenrohre abgeschlossen werden. Von den Öfen bis zum Kamin führten sie den ganzen Winter hindurch den Rauch ab. Sie fingen den Ruß auf und je nach Wetterlage quollen dann schöne dicke Rauch-kissen-Wolken senkrecht in den Himmel oder die Rauchfahne hing schlaff um das Dach.

Ofenrohre hatten einen Durchmesser bis zu 20 cm. Meist hatten sie hinter dem Ofen ein Knie und strebten dann senkrecht an der Wand nach oben bis ins Kaminloch. Je länger, desto mehr Wärme strahlten sie natürlich ab. Dort wurden sie rechtwinklig mit einer Metall-Manschette festgehalten. Die Blechrohre waren oft richtige Schmuckstücke im Wohnzimmer. Silber- oder goldfarbene Bronze wurde jedes Jahr nach der Heizperiode schön gleichmäßig darauf gepinselt, hatte man das Rohr vorher draußen im Hof oder Garten inwendig vom Ruß befreit. Schön waren sie und nützlich, kein Zweifel.

Nur nützlich und weniger schön dagegen waren die hölzernen

Wäschetrocken-Gestelle,

die an der Zimmerdecke angebracht werden konnten. Darauf wurden alle auf dem Dachboden vorgetrockneten Wäschestücke in den Wintermonaten aufgehängt, um sie dann schranktrocken wegzulegen oder zu bügeln.
Langsam ging Jahr um Jahr auch der kälteste Januar zu Ende. Eine schöne Sitte hat mir eine alte Dame erzählt:

» Wir hatten Verwandte in einem kleinen Weinbauer-Örtchen am Rhein. Dort hat man früher um den 28. Januar den Versöhnungstag gefeiert. Es war immer der Sonntag, der auf den 28. Januar folgte. Man traf sich zuerst zum Gottesdienst, und der Pfarrer predigte viel davon, wie wichtig doch das Vergeben und sich wieder Verstehen sei. Da haben dann die Frauen schon fast alle geweint. Anschließend gingen alle Versöhnungswilligen in den Gemeindesaal. Dort reichte man sich die Hand, versprach, alte Streitereien zu vergessen und mit dem neuen Jahr einen neuen Anfang zu machen. In weiser Voraussicht hatte jeder Winzer von seinem eigenen Wein einen Krug mitgebracht, aus denen trank man nun gemeinsam, denn nicht alle Teilnehmer hatten eigene Weinberge, bekamen jetzt aber von den frisch Geläuterten großzügig etwas ab. «

Kinderspiele im Januar

» Trotz Eiseskälte und beißendem Wind sind wir zum Schlittenfahren gegangen, sooft unsere Mutter uns frei gegeben hatte, «

erzählt ein Herr und wackelt dabei auf seinem Stuhl, als müsse er einen Schlitten lenken.

Seine Nachbarin ergänzt:

» Wir hatten nicht alle einen Schlitten als Spielgerät, der Schlitten war im Winter vor allem Transportgerät für schwere Sachen auf dem Hof und in der Stadt. Meine Schwester und ich bekamen aber von unserer Patin einen richtigen **Bockschlitten**. Mit hohen Eisenfüßen und einem achterförmigen Holzsitz. Der war sogar lackiert. «

Für gewöhnlich gab es in jedem Haushalt einen Schlitten, vorne mit schön hoch gezogene Kufen und der Sitz mit Holzleisten ausgestattet. Das waren

Mehrsitzer-Schlitten,

Drei, ja manchmal sogar vier Kinder saßen hintereinander und schossen den Berg hinunter. Wichtig war, das älteste Kind musste ganz hinten sitzen, um mit seinen Schuhen steuern zu können, indem es sie links oder rechts fest in den Schnee presste.

» In der Schulpause und auf dem Heimweg haben wir gerne Schneeball-Schlachten gemacht. Auf den Kopf schießen oder gar ins Gesicht, war streng verboten, man hat sich auch daran gehalten; wenn's mal einen traf, dann war's ein Versehen. «

Das berichtet eine stämmige, ehemalige Bäuerin.

» Wir durften draußen nie spielen, es gab immer Arbeit auf dem Hof, nur der Weg heim von der Schule gab uns die Gelegenheit zum Schneeballen. «

Ihre Schwester, ebenfalls im Heim lebend, ergänzt:

» Aber von der Haustüre rüber zum Stall, da haben wir uns eine **„Schleifere"** (Schlitterbahn) gemacht. Nicht gerade auf dem Weg, sonst hätte es Ärger gegeben, aber gleich darüber. Hui, das war ein Spaß, wenn wir kurz Anlauf genommen haben und dann wie der Blitz bis zum Stall geflitzt sind. «

Eine Bewohnerin berichtet:

» Am Sonntag hatten wir am Nachmittag ein paar Stunden frei, da haben wir dann, wenn der Schnee gut war, einen **Schneemann** gebaut. Das war richtig schwere Arbeit, wenn die Bauchkugel immer größer und wuchtiger wurde, man konnte sie kaum noch rollen. «

Sie ergänzt ihren Bericht:

» Heute pappen die Kinder den Schnee einfach so zusammen, das ist doch nichts. Ein richtiger Schneemann muss gerollt werden, dann schmilzt er lange nicht so schnell. Augen, Mund und Schneemann-Mantelknöpfe waren Eierkohlen, die haben wir aus dem Kohlenkeller geholt. Die Nase war natürlich eine Karotte. Einen alten löcherigen Topf gab es auf jedem Hof, den benützten wir als Hut. Hinter dem Stall fand sich dann noch ein struppiger ausgedienter Reisigbesen. So ein Schneemann konnte bis zur Schneeschmelze stehen und ist ganz, ganz langsam geschmolzen. «

Zeitplan für den Januar
Themenvorschläge

1. Woche
- Für das neue Jahr Wünsche, Hoffnungen, gute Vorsätze erfragen und erzählen lassen.

Sitten und Gebräuche erfragen:
- schildern lassen, wie ein Neujahrsgottesdienst abgelaufen ist.
- Welche Lieder hat man gesungen?
- Gab es Neujahrssänger oder einen anderen Brauch?
- Ist man „ein gutes neues Jahr" wünschen gegangen ... ?

2. Woche
Verschiedene Glückssymbole:
- Schweinchen, woraus war es gefertigt?
- Kleeblatt, wo finden wir es häufig?
- Hufeisen, wo kann man es entdecken?
- Schornsteinfeger, wer kennt das „Anfassen"?

3. Woche
Das Erscheinungsfest:
- Die Drei-Königs-Geschichte erzählen (nicht vorlesen, wenn es sich um demenziell erkrankte Bewohner handelt).
- Sternensinger. Erfragen: Sternensinger mit allem, was dazu gehört: Verkleidung, Mohrengesichtsfarbe, Kronen und Stern, Lieder.
- Mutschel oder Brezel, sonstiges Gebäck.
- Wer kennt ein anderes typisches Dreikönigsessen?
- Was braucht man für einen Königskuchen? Kuchen backen.
- Vielleicht kann die Gruppe einen solchen Kuchen backen und die Bohne darin verstecken. Es bietet sich an, dass man dann „den König" oder „die Königin" die Pfandspiele oder sonstigen Gesellschaftsspiele wählen lässt. Ist das nicht gewünscht, darf ein Lied ausgewählt werden. (Bei Hochbetagten oder demenziell erkrankten Bewohnern immer Vorschläge bringen.)

4. Woche
- Die Geschichte von den rauen Nächten berichten.
- Von Wotans wilder Jagd und den Winterstürmen, die er damit verursacht hatte, erzählen.
- Nachlesen in den germanischen Göttersagen. Das verlorene Hufeisen und seine Wunderkraft erwähnen.
- Ein Hörnchen (oder für jeden eines) mitbringen und gemeinsam essen; kann auch zum Abendbrot mitgenommen werden. Man kann auch Hörnchen backen, diese sind auch z.B. als Vanillehörnchen allen Bewohnern bekannt.
- Ein Spiel, das zum Jahresanfang gehörte, war das Bleigießen. Ist gut machbar, wenn die Gruppe nicht zu groß ist.
- Der eiskalte Winter ist das Thema: Ein Herd in der Küche; das Thema reicht mit Wasserschiff, Herdstange usw. aus. Ofen in der guten Stube, welche Möglichkeiten, bis zum Bratapfel, Ofenrohre und Kanonenofen. Keine Heizung im Flur, Bad, Treppenhaus, Schlafzimmer. Die Wohnküche, der Ort, in dem die Familie lebte. Bratäpfel herstellen.

FEBRUAR

Der Februar

Der Februar

Er ist der zweite Monat im Jahreskreis. Seinen Namen hat er nach dem römischen Reinigungsmonat, dem Febrarius, erhalten. Taumonat oder Narrenmonat wurde er auch genannt, denn obwohl er bitterkalt sein kann, ist es nicht ungewöhnlich, dass er unverhofft richtig warme Vorfrühlingstage beschert. Sicher ist bei dem Wort Narrenmonat auch der Karneval angesprochen. Er hat nur 28 Tage und im Schaltjahr noch einen Tag dazu. Wunderschön, wenn diese warmen Tage, die er so bringen kann, auf das närrische Treiben fallen, verlassen sollte man sich aber darauf nicht.

Am 2. Februar feiert die katholische Kirche

Maria Lichtmess.

Seinen Namen hat das früher sehr viel bekanntere Fest nach der Kerzenweihe. An diesem Tag wurden in der katholischen Kirche alle Kerzen (in der Messe) geweiht, die in diesem Jahr verbraucht werden sollten. Auch alle Kerzen aus den Haushalten in Stadt und Land wurden in die Kirche getragen und geweiht. Als es noch keinen elektrischen Strom gab, war das eine ganze Menge. Aber den Luxus, den wir heute mit Kerzen treiben, kannte man noch nicht. Eine gut situierte Bürgerfamilie wäre nie auf die Idee gekommen, nachmittags an einem gewöhnlichen Wintertag eine Kerze zu entzünden. Kerzen waren eine Lichtquelle, man ging sehr sparsam damit um, wie mit allem, was man besaß.

So erklärt sich auch, dass man bis heute die Kerzen, die man einem Heiligen entzündet, nicht von irgendwo her mitbringt, sondern die geweihten Kerzen in der Kirche kauft.

Eine andere Erklärung ist: Maria, wie alle jüdischen Mütter, soll an diesem Tag zum ersten Mal nach der Geburt im Stall (40 Tage nach der Niederkunft) mit ihrem Kind den Tempel betreten haben. 40 Tage galten Frauen, die ein Kind geboren hatten, als unrein, und manchmal hören wir für diesen Festtag auch noch die Bezeichnung „Maria Reinigung".

Viele Sitten und Gebräuche ranken sich um dieses Fest. Immer geht es dabei um das Licht, das man in den kalten, dunklen Wochen so sehr vermisst. In streng katholischen Gegenden tragen Kinder ein frisch geweihtes brennendes Kerzchen nach Hause. Auch abendliche Kinderumzüge mit diesen Kerzen gibt es vor allem in den Alpentälern.

Lichtmess – bei Tag ess

lautet ein alter Bauern- und Handwerkerspruch aus dem Schwabenland. Wie häufig sind die sparsamen Schwaben auch da allen anderen voraus. Während in den übrigen Ländern erst ab dem 22. Februar, dem Tag, an dem die Sonne in das Zeichen der Fische tritt, das Lampenlicht zum Abendessen eingespart wurde, haben sie schon 14 Tage vorher kein Licht zum Essen mehr angezündet.

Sachliche Verteidigung der frühen Zeit durch einen Bewohner:

» Ha, sein Maul hat mer noch ällweil g'funda, sonst wär mer net do. «
(Seinen Mund hat man immer gefunden, sonst wären wir nicht da.)

Mit Lichtmess beginnt das Arbeitsjahr der Bauern. Sie haben ab jetzt wieder ihre Felder im Auge, die winterliche Ruhepause nähert sich ihrem Ende. Lichtmess ist auch einer der drei Tage, an denen in ländlichen Bereichen das Personal wechselte. Alle drei Termine liegen, landwirtschaftlich gesehen, in der arbeitsruhigen Zeit. Das sind der 6. Januar, 3. Februar und der 11. November.

Bevor man eine Stellung wechselte, bekam man noch einen Flicktag. Keine Bäuerin ließ ihre Magd mit schmutzigen oder zerrissenen Kleidern gehen. Was hätten sonst die neuen Dienstherren von ihr gedacht? An diesem Tag mussten die Mägde nicht mehr auf dem Hof arbeiten, außerdem gab es ein besonders gutes Essen, auch unter der Woche mit Fleisch. Gedacht war dies als ein Dankeschön und fürs gute Andenken. Viele Möglichkeiten boten sich hier, um ein ungeschriebenes Zeugnis auszustellen. War man mit der Leistung der scheidenden Magd sehr zufrieden gewesen, war das Mahl sehr reichhaltig, war das nicht der Fall, fiel das Essen etwas dürftiger aus.

Eine 89 Jahre alte Frau berichtet (sie wollte nie als „Dame" angesprochen werden, denn „die tun ja nix, ich aber hab' alle Tage meines Lebens gearbeitet"):

» Ich hab in 45 Jahren im Dienst nur zweimal die Stellung gewechselt. Die zwei „Flicktage" waren die schönsten in meinem Leben. Alle meine Sachen hab ich schon am Abend vorher gewaschen und übern Herd in der Nacht trocknen lassen. Am Morgen in aller Früh hab ich die Sachen hochgeholt und bin nochmals ins Bett gekrochen. Das war so schön, das weiß ich heute noch. Dann hab ich den ganzen Tag geflickt, und fürs gute Essen musste ich keinen Finger rühren, auch nachher nicht. Zum Vesper hat es einen richtigen Kaffee gegeben und einen Hefezopf mit einem Ei drinnen, der war ganz gelb. «

Schon einen Tag später gibt es einen Heiligen, dessen Schutz fast jeder von uns alljährlich dringend braucht, obwohl man lieber verzichten würde. Es ist der

Heilige Blasius,

der am 3. Februar verehrt wird. Er soll vor Halsschmerzen schützen, denn nach einer schönen Legende hat er einem Kind das Leben gerettet. Der Junge drohte an einer verschluckten Fischgräte zu ersticken. St. Blasius zog sie beherzt heraus und wird seither von allen Gläubigen um Hilfe gebeten, wenn etwas im Hals schmerzt. In anderen Erzählungen hat St. Blasius diese Gräte nur mit seinem Gebet entfernt, wie auch immer, bei Halsweh oder sonstigen Beschwerden im Hals ist er der Nothelfer. Unbedingt muss noch die

Heilige Veronika,

deren Gedenktag der 4. Februar ist, erwähnt werden. Sie ist die Heilige der Leinenweber und Wäscherinnen. Sie war eine Jüngerin von Jesu und hat ihn auf seinem Weg nach Golgatha begleitet. Veronika reichte dem Leidenden ihr Schweißtuch (Taschentuch). Darauf soll sich das Antlitz Jesu für immer abgebildet haben.

Ein Schweiß- oder Taschentuch ist ein Wäschestück. Wäsche im Winter zu waschen war eine echte Plackerei. Gut, wenn dann eine Heilige um Hilfe angefleht werden konnte. In den Waschküchen der meisten Frauen hing deshalb ein kleines Bildchen der Heiligen Veronika. Oft wird sie auch als Schutzheilige des Brotes verehrt. Brot war zu allen Zeiten ein hoch geschätztes Lebensmittel. Hausfrauen schnitten kein Brot an, ohne vorher mit dem Messer ein Kreuzzeichen hineinzuritzen. Ich selbst kenne diese Sitte noch von allen Bauersfrauen aus meiner Kindheit. Brot zu verschwenden, war eine Sünde. Brot, das zur Erde gefallen war, musste man küssen und somit die Entschuldigung aussprechen.

Wer in ein neues Heim zieht, einen Hausstand gründet, bekommt vom ersten Gast Brot und Salz mitgebracht, auch heute noch.

Heime könnten sich überlegen, ob das nicht ein besonders freundliches Willkommen für einen Neuankömmling wäre.

Eine Bewohnerin erzählt:

» Als wir geheiratet haben, war unsere Wohnung noch nicht ganz fertig, man konnte sie also niemandem zeigen. Das war nicht schlimm, denn wir haben ja eine Hochzeitsreise machen dürfen. Wir waren im Schwarzwald. Als wir zurückkamen, besuchten uns alle Verwandte und Freunde, um die nun fertige, neue Wohnung zu bestaunen. Jeder brachte Brot und Salz mit. Das Salz war kein Problem, aber was sollten wir zwei Personen denn mit achtzehn Laib Brot anfangen? «

Am 14. Februar, dem

Valentinstag

häufen sich die Bräuche. Dieser Tag ist im Volk so verwurzelt, dass man den Heiligen fast vergisst. Die Geschäftsleute versäumen diesen für sie wichtigen Tag jedoch nie. Er wird gefeiert, indem man feiert. Man geht mit seinen Geschäftspartnern essen, man veranstaltet Bälle oder gibt große Einladungen. All das, was man schon lange einmal machen wollte, der Valentinstag bietet den richtigen Anlass. Der Heilige Valentin war ein Bischof, der um seines Glaubens willen den Tod fand. Er ist der Heilige der Jugend. Er schützt alle Verliebten, Verlobten und sonstigen Paare, auch um Behinderte kümmert er sich.

Der Valentinstag als Tag der Verliebten hat ein Symbol, und das ist das Herz. In allen Blumengeschäften werden Herzen in die Sträuße gebunden, die Bäcker backen süße Brötchen oder Torten in Herzform. Man schreibt sich Karten und Briefe, die mit einem Herz oder Blumenbukett in Herzform verziert sind. Rosen und Vergissmeinnicht sind die Begleiter der Herzen zum Valentinstag. Und getrocknete Rosenblätter muss ein Mädchen an diesem Tag heimlich über die Schulter ihres Wunsch-Ehemanns werfen, dann werden bald die Hochzeitsglocken läuten. Getrocknete Rosenblätter in Herzform unter das Kopfkissen gelegt, hat dann die gleiche Wirkung, wenn sie am anderen Morgen noch immer herzförmig dort zu finden sind.

In die Mitte des Februars, landschaftlich verschieden an welchem Tag, fiel bis zum zweiten Weltkrieg

der Seelentag.

Es ist sicher wieder eine Vermischung mit dem altrömischen Totenfest. In Süddeutschland gab es damals nur an diesem Tag beim Bäcker die so genannten „Seelen", ein längliches und sehr hell gebackenes Brötchen. Man legte sie nicht in den Brotkasten, sondern ließ sie für die Verstorbenen auf dem Tisch liegen, schön mit einem Tuch abgedeckt (Heilige Veronika). Erst wenn die Ahnen die Opferbereitschaft der Nachkommen gesehen hatten, durfte man sie selbst essen. Heute sind „Seelen" besonders in der Gegend um Tübingen das ganze Jahr über zu haben.

Voller Spannung erwartete man nun das Winterende. Man zögerte auch nicht, dabei etwas nachzuhelfen, indem man am Abend im Stall kräftig mit den Ketten rasselte, glaubte man doch, der alt gewordene Winter würde, wie greise Menschen, soviel Krach nicht mehr vertragen und sich verziehen.

In der Stadt begnügte man sich, in Ermangelung von Eisenketten, mit dem kräftigen Zuschlagen der Haustüren am Abend. Man gab dem Winter so die Zeit, sich über Nacht zu trollen.

Ein Heimbewohner, der sein Arbeitsleben als Knecht auf einem großen Hof verbracht hatte, erzählt:

» Wir Jungknechte, wir mussten immer ab Mitte Februar beim Mist abladen drei Gabeln voll ganz hoch und weit nach hinten auf den großen Misthaufen im Hof werfen. Dort oben, auf dem warmen Misthaufen saß der alte Winter und wärmte sich. Wir jungen Kerle haben es tatsächlich geglaubt, manche haben ihn sogar in der Dunkelheit dort gesehen. Wenn der Alte nun so von jeder Schubkarre drei Gabeln voll auf den Kopf gekriegt hat, dann musste er doch verschwinden! «

Wie immer war dem Aberglauben eine sehr reale und sinnvolle Sache unterlegt. Der frische Mist kam so weit nach hinten, und der Haufen bekam eine gute Form.

Der Misthaufen

Die Bauern

veranstalteten ab Mitte Februar bis zum Petri-Tag ihre Flurbegehungen. Da das Wetter noch empfindlich kalt sein konnte, gehörte es dazu, dass nach der Heimkehr eine kräftige Mahlzeit aufgetischt wurde, im Schwäbischen auch **„Flurvesper"** genannt. Dabei kontrollierte der Bauer alles und notierte es sich im Kopf, was durch den Winter kaputt gegangen war und nun repariert werden musste. Häufig waren das auf den Wiesen große Kaninchen- oder Wühlmausgänge, in denen Kühe sich vertreten konnten.

Am 22. Februar ist

St. Peter.

Das ist ein besonderer Tag im Februar. **Der Heilige Petrus** – nach Mt. 16, 18f der „Felsen" Jesu Gemeinde und Anfang vom Petrus-Amt des Papstes – ist Schutzpatron der Fischer. Da Fischer mit zugefrorenem Wasser nichts anfangen können, wird Petrus an seinem Namenstag angefleht, dafür zu sorgen, dass das Eis verschwindet. Oft hat St. Peter auf den Abbildungen eine Geißel dabei. Die gläubigen Christen erwarten nun von ihm, dass er mit seiner Geißel auf die Eisdecke schlägt und das Wasser weckt.

In den Alpenländern wird der Tag mit viel Krach begangen. Mit Kettengerassel, Böllerschüssen und Peitschenknallen zieht man durch das Dorf und treibt den Winter aus. Die Peitschen erinnern an die Geißel des Heiligen. Auch die bösen Geister und Hexen, die sich in der Winterkälte ins Haus zurückgezogen hatten, werden damit verjagt, und manchmal muss man sogar im Haus noch nachhelfen. Man scheppert mit Blechschüsseln, klopft mit einem großen Hammer oder Holzscheit auf alle Balken. Wie gesagt, Krach vertragen Geister nicht. Kinder pfeifen heute noch gerne, wenn sie alleine in den Keller geschickt werden.

Mit St. Peter beginnt auch die „Frühjahrs-Putze" auf dem Hof. Bisher war es zu kalt draußen, um mehr als das Nötigste zu machen. Jetzt wird ausgefegt, die Spinnweben entfernt und das Saatgut „geweckt". Das bedeutete, man kontrollierte nochmals alles, klopfte kräftig auf Säcke und Kisten, um zu sehen, ob alles noch brauchbar war, kein Schädling sich winters eingenistet hatte. In der Stadt geht langsam das eingelagerte Brennmaterial zu Ende. Man heizt sparsamer und freut sich auch von daher über jede außerhäusliche Aktivität, jede Einladung, spart man so doch Brennmaterial und oft auch das Nachtessen.
Noch ein starker Heiliger, der am 24. Februar seinen Ehrentag hat, hilft den Winter zu vertreiben. Es ist der

Heilige Matthias.

Er hat ein Beil dabei und kann so die Flüsse und Seen tatsächlich aufschlagen, leider ist er nicht zuverlässig. In einem alten Spruch heißt es:
„Mattheis – bricht's Eis,
Dreht er sich um, kommt's wiederum!"

Nun folgt die letzte Woche vor der Fastenzeit, die fünfte Jahreszeit für die Hochburgen des Karnevals.

Karneval, Fasching oder Fasnacht

Obwohl schon fast überall nur noch Fasching, Karneval oder Fasnet in den Köpfen geistert, möchte ich noch daran erinnern, dass für gläubige Christen diese Woche eine andere wichtige Rolle spielt.

Hier erst schließt der weihnachtliche Festkreis; Weihnachten brachte die Christgeburt; Epiphania, Dreikönig, bekräftigte: Christus ist der Herr; Jetzt muss die Sünde in der Welt bekämpft werden, auch mit Fasten und Gebet; Zu Ostern wird Christus für alle auferstehen.

In der Woche vor der Fastenzeit, unserer Faschingswoche, da ist im wahrsten Sinne des Wortes die Hölle los. Ja, sogar als Teufel verkleidet hüpfen oder tanzen die Menschen durch die Straßen. Aber nicht alle sind Teufel, vom Krokodil bis zum Scheich, von Napoleon bis zu Pippi Langstrumpf kann man alles finden. Manche Menschen können dem ausgelassenen Treiben nichts abgewinnen. In pietistischen Kreisen weist man solch närrisches Tun weit von sich. In manchen Heimen ist deshalb eine Faschingsveranstaltung untersagt.

Ich denke, es ist eine Frage der Toleranz, auch andere Ansichten bestehen zu lassen. Vielleicht gelingt es ja, bei beiderseits gutem Willen, einen Kompromiss zu schließen, zum Beispiel: Es gibt kein Faschingsfest, dafür aber einen bunten Nachmittag, ohne Verkleidung, ohne Faschingsdekoration. Dekorationen mit vielen selbst gemachten Blumen können auch Freude bereiten und passen immer.

Bis heute ist man sich nicht einig, ob das närrische Treiben seinen Ursprung in heidnischer Zeit hat oder mit den Zünften und deren Umzügen erst entstanden ist. Fakt ist, die Handwerksburschen, die sich jetzt auf die Wanderschaft machten, wollten ihren oft ungeliebten Lehrmeistern noch eins auswischen. Sie verkleideten und maskierten sich, um dann vom Leder zu ziehen. Alle Versuche der Kirchen, dem närrischen Treiben ein Ende zu setzen, sind misslungen. Doch, wenn mit dem Aschermittwoch wieder alle ihre Schäflein brav und reuig in der Kirchenbank sitzen, was will man dann mehr?

„Schmutziger" oder „Schmalziger Donnerstag" ist der Tag, an dem der Trubel beginnt. „Schmalziger" Donnerstag hieß er deshalb, weil man genau wusste, dass ab Aschermittwoch die Fastenzeit, die fleischlose Zeit beginnt. Es gab aber viele Lebensmittel im Haus, die keine 40 Tage gelagert werden konnten, deshalb mussten jetzt noch wahre Festgelage veranstaltet werden. Sicher wollte man auch nochmals so richtig zulangen, bevor die kargen Wochen begannen. Es gab Schmalzgebackenes im Überfluss. Vorfeiern, Ausgelassensein, Tanzen und Spielen waren angesagt, wusste man doch ganz genau: Am Aschermittwoch ist alles vorbei.

Es gibt unzählige Sitten und Gebräuche, die landschaftlich so verschieden sind wie ihre Masken oder Kostüme und ein klein wenig auch ihre Menschen.

Überall aber gibt es das Schmalzgebäck in diesen Tagen, es lohnt sich also, darauf noch genauer einzugehen. Ob es nun das **Fasnetsküchle**, **der Berliner Pfannkuchen** oder der **Krapfen** ist, eines haben sie alle gemeinsam: Sie werden schwimmend in Fett ausgebacken.

Eine Bewohnerin beschreibt eine besondere schwäbische Variante:

» Aus einem guten Hefeteig muss man mit einem runden Schüsselchen Teigstücke ausschneiden und in der Mitte so dünn ausziehen, dass das Licht durchscheint. Außenrum gibt es dann einen Wulst. Wenn sie gut aufgegangen sind, werden sie in gutem Schweineschmalz ausgebacken, das gibt eine schöne Farbe, sie werden wunderbar knusprig und schmecken viel besser als die in Öl gemachten. «

Ihrer Nebensitzerin fällt ein:

» Ja, ja, die kenn ich, wir sind als Kinder immer am Faschingsmontag durchs Dorf gezogen. Vor jedem Haus haben wir erst mal geschnuppert, ob's schon schmalzig riecht, denn nur dann war die Bäuerin dabei, die Küchle zu backen. Dann haben wir gesungen, das heißt mehr geschrien: „Bäurin willst im Himmel leben, musst uns Armen auch was geben. Küchle für dich ganz allein, des kann kei' fromme Handlung sein." Immer haben wir ein oder zwei Stück bekommen, und am Ende des Dorfes hatten alle genug. «

Es würde hier den Rahmen sprengen, wollte ich auf jeden Landstrich und seine eigenen Gebräuche um die Faschingszeit eingehen. Einige wenige möchte ich aber anführen.

Die Weiberfasnacht

Endlich einmal, und sei es nur an Fasching, dürfen die „Weiber" das Sagen haben. In allen süddeutschen Faschingshochburgen dürfen sie die Männer jagen, mancherorts auch ihre Krawatten abschneiden, sie wüst beschimpfen und knuffen. Das muss früher eine richtige Wohltat für die Frauen gewesen sein, hatten sie doch sonst nicht viel Stimmrecht in der Familie.

Der Narrensamen

So werden alle verkleideten Kinder genannt, die oft in ihrer überschäumenden Freude überall herumtollten. Doppeldeutig ist dieser Begriff: Zum einen sind sie die Nachkommen der alten Narren, zum anderen springen sie herum, wie Samen aus einer Samenkapsel.

Die Weiberfasnacht

Die Fasnachtsumzüge

Uralt ist dieser Brauch. Die unterschiedlichsten Themen werden in oft monatelanger Feierabendarbeit dargestellt. Während die heutigen Umzüge fast immer politische Ereignisse darstellen, waren es früher mehr, nach den alten Geister und Dämonenglauben, Austreib- und Beschwichtigungsrituale, oder man wollte die noch schlafende Erde wecken, damit sie später ihre Frucht bringen konnte.

Das ausgelassene, närrische Treiben ist mit dem Aschermittwoch vorbei. Jetzt beginnt die Zeit der Buße, und da man früher das Büßerkleid mit Asche bestreut hat, wird heute den katholischen Christen ein Aschenkreuz auf die Stirn gemalt. Das soll daran erinnern, dass alles Irdische zu Staub wird.

Vierzig festlose, fleischlose und magere Tage hat die Fastenzeit. Erwachsene und gesunde Menschen dürfen sich in der Fastenzeit nur einmal am Tag satt essen. Dort, wo es streng gehandhabt wird, darf auch kein Milchprodukt auf den Tisch. Fische waren erlaubt und da Öl ebenfalls nicht verboten war, hat sich in den Klöstern so manches leckere Fastengericht entwickelt, das man heute in jedem Feinschmecker-Restaurant anbieten könnte. Für Kranke, Hochbetagte und Kinder galten diese Regeln nicht. Wer Skrupel hatte, ging zum Pfarrer und holte sich

einen Dispens.

Eine Frau erzählt:

» Mein Vater war ein stattliches Mannsbild. Solange ich mich erinnern kann, hatte er einen ziemlichen Ranzen (Bauch). Meine Mutter war als junges Mädle in einer Haushaltungsschule, und sie hat dort schon damals eine Reihe von wichtigen Dingen gelernt, so über richtige Ernährung natürlich auch. Sie wollte, dass mein Vater die Fastenzeit auch dazu benützt, dass sein Bauch etwas kleiner wird, aber das ging einfach nicht. Immer wenn die Mutter die so gesunden Hülsenfrüchte (eiweishaltig) kochte, musste der Vater prompt nach dem Essen spucken (sich übergeben). Da ging die Mutter zum Pfarrer und holte für den Vater einen Dispens. Da hat er sein normales Essen wieder bekommen und alles war gut. Ich glaube ja heute, das Spucken hat er absichtlich gemacht, denn wenn sonst ein gehöriges Stück Speck in den Linsen mitgekocht worden ist, dann hat er sie plötzlich vertragen. «

Bei nicht so strengem Fasten sieht der Speisezettel etwas ansehnlicher aus. Heute sind Milchprodukte, Eier und Wassergeflügel, Muscheln und Schnecken erlaubt. Sogar die Auster ist eine Fastenspeise, wer will da noch jammern? Mehlspeisen, Aufläufe aus altem Brot oder Brötchen können richtig lecker sein.

Auch dazu eine Heimbewohnerin:

Der Fasching

» Bei uns gab es in der Fastenzeit viele Aufläufe und auch Maultaschen. In die Aufläufe kann man recht viele Eier und Obst reinrühren, dann schmecken die hervorragend. Die Maultaschen sollte man eigentlich in der Zeit nur mit Spinat füllen. Aber sie sind ja fest zu. Da kann weder der Pfarrer noch der liebe Gott hineingucken. Deshalb hat meine Mutter immer einen guten durchwachsenen Speck darunter gemischt. Nach der Fastenzeit hat sie jedes Jahr gebeichtet. «

Der Februar brachte aber nicht nur Karneval und Fastenzeit, sondern oft noch grimmige Kälte mit. Wehe, wenn man nicht richtig bekleidet für längere Zeit das Haus verlassen musste!

Die Bekleidung,

speziell der Kinder, war mit den praktischen Dingen von heute überhaupt nicht zu vergleichen. Es gab keine Strumpfhosen. Die Strümpfe waren aus kratziger Wolle und oft von der Großmutter selbst gestrickt. Schafwollstrümpfe gab es vor allem auf dem Land. Warm waren sie, aber für die zarte Kinderhaut eine richtige Qual. Befestigt wurden die Strümpfe bei Jungen und Mädchen gleichermaßen an einem Leibchen. Dieses hatte links und rechts am Körper ein Lochgummiband, und daran wurden die Strümpfe angeknüpft.

Ein Bewohner berichtet aus seinen Kindertagen:

» Ich war vielleicht fünf oder sechs Jahre alt, aber ich ging noch nicht zur Schule. Meine Großmutter wusste genau, dass ich immer fror, weil ich so ein dünnes Kerlchen war. Da strickte sie mir aus ganz feiner Schafwolle ein Leibchen, das war warm, das kann ich sogar jetzt noch spüren. Alle Geschwister hatten Leibchen aus Baumwollstoff, die hinten geknöpft wurden. Mein Gestricktes aber hatte einen Knopf jeweils oben auf der Schulter. Das war richtig modern. War ich stolz. «

Lange Hosen hatten damals weder Jungen noch Mädchen. Die Jungen trugen Hosen, die unseren heutigen Bermudashorts im Aussehen gleichen, nur die Beine waren schmaler geschnitten. Die Mädchen hatten immer Röcke an, allerdings im Winter aus dickerem Stoff. Beliebt war der aufgeraute, etwas wärmere Flanellstoff. Wollstoffe gab es auch, aber nur in begüterten Familien. Gegen die Kälte trugen alle weiblichen Familienmitglieder Unterröcke, manchmal mehrere. Die für die kalte Jahreszeit, waren sie handgestrickt, sogar mit schönen Mustern versehen.

Erzählung einer Dame, wie sie selbst betonte, „aus gehobenen Bürgerkreisen":

» Ich hatte für den Winter zwei gestrickte Unterröcke. Einer war lindgrün, der andere maisgelb. Jede Woche wurde gewechselt, einmal grün, einmal gelb unter dem Kleid. Die Unterröcke hatten ein schönes Lochmuster am Saum und waren von oben am Leibchen aus gestrickt. Das war deshalb so gemacht worden, damit man jedes Jahr, wenn er zu kurz geworden war, einfach anstricken konnte. «

Fast alle Pullover, Jacken und Westen waren handgestrickt. Gerne wurde Schafwolle dafür genommen oder beigemengt. Jammerte ein Kind über das Kratzen, wurde von den Eltern nur festgestellt: „Stell dich nicht so an, es gibt arme Kinder, die wären froh, wenn sie so eine warme Jacke hätten."

Manch einer von uns kennt diesen Satz, wenn auch in einem anderen Zusammenhang, falsch war und ist er nicht, aber welches Kind, in welcher Zeit auch immer, hört so etwas gerne.

Glauben darf man ruhig, in der Zeit unserer Großeltern, der Urgroßeltern und sicher auch noch weiter zurück gab es in Deutschland noch bittere Armut, die wir uns heute nicht mehr vorstellen können. Die Generation, die den zweiten Weltkrieg und vor allem die Hungerjahre bis zur Währungsreform miterleben musste, kann vielleicht mitreden. Die Jüngeren sollten einfach nur mit Achtung zuhören und verstehen lernen, was sie da hören, nicht urteilen.

Bis auf sehr gut gestellte Familien hatten Kinder damals auf dem Land und in der Stadt keinen Wintermantel. Die Strickjacke und ein breiter Wollschal ersetzten den Überzieher. Dieser Schal wurde ganz geschickt um den Leib drapiert, so dass der ganze Oberkörper eingewickelt war. Man legte das breite, lange Wolltuch zuerst um den Nacken, führte beide Enden nach vorne, kreuzte sie über der Brust und schob sie wieder zum Rücken. Dort wurden sie sorgsam breit ausgelegt, gekreuzt (damit die Nierengegend schön bedeckt wurde) und wieder nach vorne geholt. Hier musste eine große Sicherheitsnadel am Bauch das Gebinde festhalten.

Auf dem Kopf hatten Jungen und Mädchen eine Wollmütze. Fragen Sie in der Generation der heute 70- oder 80-jährigen Damen und Herren mal nach den Kopfbedeckungen oder erwähnen die „**Teufelsmütze**", sofort wird man sich erinnern. Sicher gab es auch andere Formen. **Pudelmützen** für die Jungen, Kopftücher für die Mädchen waren im Gebrauch und sind es bis heute. Ohne Kopfbedeckung ging man nicht aus, wenn man erwachsen war. Ein **Hut** gehörte auf jeden Kopf und zu jeder Jahreszeit. Das englische Königshaus hält an dieser Regel eisern fest. Selbst zu ihren geliebten Pferden geht die Königin nicht ohne ein Kopftuch. Wenig begüterte Frauen hatten einen Hut für den Winter und einen für den Sommer. In gut situierten Kreisen wurde mit Hüten ein wahrer Luxus getrieben. Putzmacherinnen, also Hutmacherinnen, hatten viel zu tun, und der Berufszweig blühte bis zum Ende des zweiten Weltkrieges. Neuerdings gibt es eine zaghafte Wiederbelebung der Hutmode, richtig durchgesetzt hat sie sich aber noch nicht.

    Zu den Hüten gehörten die Handschuhe. Im Winter nahm man gerne die Fingerhandschuhe aus Wolle, oft mit langen Stulpen gestrickt, damit die heikle Stelle am Puls schön warm gehalten werden konnte. Sogar separate Pulswärmer hat man sich gestrickt. Die Damen erinnern einen Spruch: „**Ist der Puls schön warm und mollig, freut sich's Herz und dir ist wohlig.**"

Für die einfachere Schicht und für Kinder gab und gibt es den Fäustling. Da Kinder aller Generationen schlecht auf ihre Sachen achten können, hat man beide Handschuhe mit einem meist gehäkelten Bändel verbunden, so konnten nur beide, aber nie ein einzelner verloren gehen.

    Stadtleute, feine Damen trugen Lederhandschuhe. Immer passend zum Mantel, Kleid oder Kostüm. Diese Handschuhe konnten im Winter gefüttert sein, in der wärmeren Jahreszeit trug man hauchdünne Teile aus Ziegenleder, Stoff oder gehäkelter Spitze.

» Eine anständige Frau zeigt außer dem Gesicht nichts Nacktes. Keine nackten Hände und schon gar keine nackten Beine! «

So der Ausruf einer Bewohnerin, die trotz Sommerhitze im Rollstuhl sitzend lange Baumwollstrümpfe trägt. Es ist nicht viel, aber beachtenswert, dass ihre Pflegerinnen mit Feingefühl auf ihre Wünsche eingehen und niemand versucht, ihr dies auszureden.

Die Schuhe der Kinder möchte ich noch ansprechen. Am besten kann das ein 85-jähriger Herr:

» Wir hatten als Kinder ein Paar Schuhe und darauf waren wir stolz. Das waren Schnürstiefel, manche hatten auch Haken, um die man die Bändel nur wickeln musste. Unsere waren immer mit Nägeln auf der Sohle beschlagen, damit sie sich nicht so schnell abnutzten. Wenn sie zu klein geworden sind, hat sie das nächste Kind in der Geschwisterreihe bekommen. Nach dem Jüngsten waren sie dann auch so kaputt, dass kein Schuster mehr helfen konnte. Im Sommer, sowie kein „R" mehr im Monatsnamen war, lief man barfuß, das war herrlich, da drückte nichts, man fühlte sich leicht und frei. «

Noch ein paar Sätze zu den Schürzen. Auf dem Land gehörte die Schürze bis etwa 1950 zur Kinderbekleidung der Mädchen. Es gab Sonntags- und Alltagsschürzen, meist aus buntem Baumwollstoff, die nur einen Zweck hatten: die Kleidung vor Schmutz zu schützen.

Frauen trugen selbstredend auch Schürzen, bei jeder Arbeit die dazu gehörig richtige Schürze. Da gab es Küchenschürzen, Stallschürzen, Putz- oder Waschschürzen und natürlich auch die Sonntagsschürze, die meist weiß und fein verziert war. Noch lange nach dem Krieg war es im Handarbeitsunterricht üblich, dass eine Schürze genäht und bestickt wurde.

Einen kleinen Rest damaliger Schürzen-Sitte haben wir in unsere Zeit gerettet. Serviererinnen, Kellner tragen bei der Arbeit eine Schürze, es gehört zu ihrer Dienstkleidung. In Berufen, wie Koch oder Bäcker, Metzger oder Schmied, sind Schürzen selbstverständlich und notwendig. Viele junge Frauen kochen und arbeiten im Haushalt ohne diese Schutzvorrichtung. Die bequeme Waschmöglichkeit der Kleidung lädt fast dazu ein.

Unsere Heimbewohnerinnen fühlen sich aber nur halb angezogen, auch wenn sie bloß Äpfel oder Kartoffeln schälen, wenn sie nicht eine Stoffschürze vor dem Bauch haben.

Wegwerf-Plastikschürzen sollte man diesen Frauen nicht anbieten. Solche Schürzen trug man früher nur bei sehr schmutziger Arbeit, beim Waschen, beim Schlachten und ähnlichen schweren Aufgaben. Mit einer Stoffschürze, um die man die Angehörigen bitten kann, fühlen sie sich ernst genommen und in ihre aktive Zeit zurückversetzt.

Zeitplan für den Februar
Themenvorschläge

1. Woche
➤ Was bringt der Monat?

Maria Lichtmess:

➤ Warum heißt es Lichtmess?

➤ Was hat da stattgefunden?

➤ Was war auf dem Land üblich?

2. Woche
➤ Der Heilige Blasius, seine Legende.

Alles über Halsschmerzen und die Mittelchen dagegen:

➤ Wickel und Umschläge.

➤ Tee und Kräutersäckchen.

➤ Tee kochen und probieren.

3. Woche
Die Heilige Veronika:

➤ Ihre zu damaliger Zeit beachtlich mutige Handlung.

➤ Die Schutzheilige des Brotes.

Alles über das Brot:

➤ Sorten: Benetztes, mit Mehl bestäubtes Brot, Herstellung damals und heute.

➤ Backen, wo, im Backhaus, beim Bäcker, im eigenen Ofen

➤ Wie auf Steinen, in der Form?

➤ Wie ist die Aufbewahrung?

➤ Was lässt sich aus altem Brot alles machen?

4. Woche
➤ Alles über den Karneval erzählen und erzählen lassen.

➤ Schmalzgebackenes mitbringen.

➤ An den Faschingstagen feiern.

➤ Nur verkleiden, schminken oder Hütchen aufsetzen, wer das wirklich will. Eine angesteckte Papierblume wird oft gerne akzeptiert.

Alles über die Winterbekleidung:

➤ Mützen und Mantel, Schal und Handschuhe, Unterbekleidung.

➤ Aus welchem Material?

➤ Wie oft gewechselt?

➤ Strümpfe und Leibchen,

➤ Schuhe und Hüte.

➤ Seit Lichtmess werden die Tage länger. In Stadt und Land begrüßt man die zunehmende Helligkeit, und alles wartet auf das Frühjahr.

➤ Wenn das Kalenderblatt Februar nach 28 Tagen umgeschlagen werden kann, erscheint der März wie eine Verheißung.

MÄRZ

Der März

Der März

Er ist der dritte Monat im Jahreskreis. Seinen Namen hat er vom Kriegsgott „Mars" erhalten. Man nennt ihn aber auch den Lenz, den Lenzmonat oder ganz einfach Frühlingserwachen. Alles in der Natur beginnt sich zu regen. An den Bäumen schwellen die Knospen, in den Gärten zeigen sich wieder Blumen, Schneeglöckchen und Winterlinge, Veilchen und Gänseblümchen. Die Weidenkätzchen sind da.

Es ist schon richtig: „Im Märzen der Bauer ...", nur dass er heute keine Rösser mehr einspannt, sondern seinen Traktor aus dem Schuppen fährt. Wenn die Witterung es erlaubt, werden nun die Felder für die Saat vorbereitet. Die im Spätherbst umgeackerten und im Winter durchgefrorenen Schollen müssen vor der Saat mit der Egge fein gekrümelt werden. Die Wintersaat wird kontrolliert, denn schon tauchen da die ersten grünen Spitzen auf. Die Landwirte stehen bereit, alles ist vorbereitet, um bei den ersten durchwärmten Tagen mit der Aussaat zu beginnen.

Frau mit Rechen im Garten

Der zweite Vers des überall bekannten Frühlingsliedes stimmt noch eher mit früher überein:

„Die Bäuerin, die Mägde sie dürfen nicht ruh'n,
Sie haben im Haus und im Garten zu tun.
Sie graben und rechen und singen ein Lied
Und freu'n sich, wenn alles schön grünet und blüht."

Wahre Arbeitsorgien wurden im Frühling veranstaltet. Wer einen Garten sein eigen nannte, begann nun mit dem Vorziehen von Blumen und Gemüse, denn alle frostempfindlichen Pflanzen dürfen erst ins Freie, wenn die kalten Nächte vorüber sind.

Das Frühbeet,

manchmal auch das Mistbeet, wurde jetzt beschickt. Sein Geheimnis ist die Verrottungswärme. In jedem Landstrich macht man es etwas anders. Mancherorts wird Stallmist, bevorzugt Pferdemist, ganz unten in das Beet gepackt, anderenorts schwört man auf normalen, noch nicht ausgereiften Kompost. Darauf kam eine tüchtige Lage gute Erde, in die man dann die Samen für den Blattsalat legte. An warmen Tagen können alle frostunempfindlichen Keimer, ob Blume oder Gemüse, in das Freiland. Die anderen werden im Haus vorgezogen. Auf warmen Fensterbrettern keimt in kleinen Schalen oder Töpfen nun die „Schwarzäugige Susanne" oder all die anderen Gewächse, die unseren Sommer oder Herbstgarten so bunt machen.

Die Frühjahrsblüher haben draußen überwintert. Die Tulpenblätter ragen unverwechselbar aus der Erde, die Märzenbecher strecken ihre weißen Glocken mit den grünen Zipfeln der Sonne entgegen. Der erste Ackersalat, der noch im Herbst gesät wurde, kann jetzt geerntet werden.

Die Bewohner kommen richtig ins Schwärmen, wenn man mit ihnen einen Gedankenspaziergang durch den Vorfrühlingsgarten macht:

» Im Garten im März? Da riecht man den Frühling, und die Amseln, die singen, das ist eine Pracht! «

» Mein Garten lag sehr geschützt, da war schon anfangs März alles voller Schneeglöckle. «

» Wenn die Tulpenblätter erst mal so hoch sind, wie eine Hand, dann ist's soweit «

Im Haus, in Stadt und Land bereitete man sich auf den

Großputz

vor, etwas, was wir heute fast nur aus den Erzählungen der Alten noch kennen.

Ich möchte diesen Teil sehr ausführlich schildern, weil er in den Pflegeheimen so intensiv nacherlebt wird. Sollten in den Erzählrunden Damen sein, die berichten, dass man dazu sein Personal hatte, darf man das ruhig glauben. Fragen, die sich dann aber von unserer Seite anschließen, sind einfach und wahr: „Wer hat die Anweisung gegeben?", „Wer hat kontrolliert?" Es ist äußerst selten, dass Frauen auch dafür Personal hatten. Aus diesem Grund schickten begüterte Eltern ihre Töchter in die Haushaltungsschulen, damit sie all die Dinge, die zu einer perfekten Haushaltsführung gehörten, erlernen konnten. Darauf sind diese Damen heute noch stolz.

Toleranz ist auch hier das Zauberwort. Frauen aus dieser Generation, die in solchem Standesdenken aufgewachsen sind, müssen dies, gerade im Alter mit so vielen Verlusten konfrontiert, unbedingt klarstellen dürfen. Lassen wir ihnen die Hausherrinnenrolle, berichten sie gerne selbst mit aus dieser Zeit und sind kein Störfaktor. Überall in der Wohnung, vom Dachboden bis zum Keller, wurde „Großreine gemacht" und dabei auch spärlich zwar, aber doch entrümpelt.

Begonnen hat man immer mit dem Dachboden. Die Hausfrau und ihre Helferinnen banden sich Kopftücher um, zogen sich Arbeitskleider und kräftige, gut waschbare Schürzen an, ergriffen Besen, Handfeger und Tücher und stapften hinauf bis unter das Dach.

Zuerst wurden alle Besen mit Tüchern umwickelt, um mit diesem Bausch die Spinnweben von der Decke entfernen zu können. Das war gar nicht so einfach, denn in den meisten Häusern lagen die Dachziegeln unverschalt auf den Dachlatten, und außer den Spinnweben kam so manches Stückchen vertrocknetes Moos, Vogelkot oder Reste von alten Wespennestern mit herunter. Da man ja immer nach oben schauen musste, fiel den Frauen manches Stück Unrat mitten ins Gesicht. Ein Segen, dass man dazu später und bis heute die Staubsauger benützen kann.

Der Großputz

War die Decke rein, kam der Fußboden dran. Die schmutzigen Tücher wurden von den Besen entfernt und gleich in einem Putzeimer für die Wäsche gelegt, wollte man doch die Dreckdinger nicht mehr als nötig anfassen und zusätzlich Staub aufwirbeln. Viele Damen berichten, dass die nächste Arbeit das Besprengen des Fußbodens war. Aus dem mitgebrachten Putzeimer sprengte man in großem Bogen Wasser auf die staubige Fläche, damit beim anschließenden Fegen niemand in den Staubwolken erstickte. Mit viel Wasser und dem Putzlappen wurde noch aufgewischt, dann war man aber noch nicht fertig.

Erst jetzt wurden die alten abgestellten Möbelstücke, Schränke oder Truhen kurz entstaubt und dann geöffnet und durchsortiert. Von dem einen oder anderen Stück konnte man sich trennen. Alle alten Kleider wurden kontrolliert und mit frischen Mottenkugeln versehen, alles, was irgendwann wieder Verwendung (trennen, wenden, Neues nähen) finden konnte, wurde aufbewahrt. In allen Ecken und an den Wänden entlang schaute die Hausfrau sehr genau, ob nicht doch ein Mauseloch zu entdecken war. Wurde sie fündig, musste sofort Abhilfe geschaffen werden.

Eine Dame, die einem großen Haus vorstand, also Haushälterin war, sagt dazu:

» Die Mäuse waren früher in jedem Haus, da konnte man machen, was man wollte. Ich habe sie auf der Bühne (Dachboden) vertrieben mit meinem Spezialrezept. Orleanderblätter, ganz fein hacken und mit Sand mischen, das Ganze dann mit Karbol vermengen und Kügelchen daraus formen. Die rollt man haufenweise in den Mausegang, den Geruch vertragen sie nicht, da verschwinden sie ganz schnell. «

Der letzte Arbeitsgang auf dem Dachboden war immer das Reinigen der Fenster und Fensterrahmen. Da man mit Holz und Kohlen heizte, hatten sie es auch wirklich nötig. Ruß und Staub hatten sich ein ganzes Jahr lang zu einer fast undurchsichtigen Dreckschicht verbunden.

Eine Bewohnerin erzählt:

» Wir haben immer zwei Eimer mit Wasser zum Fensterputzen mit hinauf genommen. Im ersten Eimer war Soda (Brockensoda, früher als Abwaschmittel benützt, löst Fett) und damit putzt man zuerst den gröbsten Schmutz von den Scheiben. Dann macht man den Rahmen richtig kräftig sauber damit. Mit dem zweiten Eimer werden dann die Scheiben schön klar gewaschen, denn in diesem Wasser ist Spiritus. Ganz zum Schluss muss man mit einem Bausch Zeitungspapier noch kräftig polieren, und das war es dann wieder für ein Jahr. «

Ich denke, es ist klar, dass so ein Großputz nicht an einem Tag erledigt werden konnte. Klugerweise ging es nun erst mal im Keller weiter. „Warum?", ist meine Frage. Sehr überlegen, fast ein bisschen hochmütig erklärt ein ehemaliges Dienstmädchen:

» Ist doch einfach. An den Abenden war es noch empfindlich kühl, da wollten die Herrschaften noch eingeheizt haben. Zum Zimmergroßputz gehören aber als erstes der Ofen und das Ofenrohr. Na ja und da putzte man halt so drum herum, das Wohnzimmer immer zuletzt. «

Die Putzerei im Keller war ganz ähnlich wie oben unter dem Dach. Hatte man mehrere Kellerräume, konnte die Arbeit sich eine ganze Woche hinziehen. Man darf nicht vergessen, der normale Familienbetrieb lief nebenbei weiter, wenn auch auf Sparflamme. Der Keller, in dem die Kohlen gelagert wurden, kam zuletzt und war schnell fertig. Alle Kohlenreste auf einen kleinen Haufen geschaufelt und den Boden fegen. Den so zusammengefegten Staub streute man auf die Gartenbeete als Dünger oder über den Kompost. Falls ein Fenster im Kohlenverschlag war, musste das auch geputzt werden, das war einfach Pflicht.

Eine Bewohnerin des Pflegheimes sagt dazu:

» Immer wenn ich zur Dialyse fahre, kommen wir ganz dicht an einem Haus vorbei. Dort ist eine Ampel und wir müssen oft stehen bleiben. Das Kellerfenster regt mich richtig auf, seit ich da vorbeifahre, ist das noch nie geputzt worden. Am liebsten täte ich aussteigen und das mal tun, ich kann so was einfach nicht sehen. «

Eine Generation, die so zur Sauberkeit im Haushalt angehalten wurde, hat auch im Heim ein Problem, wenn Blumen verdursten, wenn Staub auf ihrem Fernseher liegt, und sie selbst nicht in der Lage sind, da Abhilfe zu schaffen.

Nach soviel Putzerei hat die Hausfrau einen Feierabend verdient. Keine Frau der damaligen Zeit war allerdings am Abend ohne Beschäftigung. Auch nicht an Großputztagen.

Alles, was mit Handarbeiten zu tun hatte, wurde in die Abendstunden verlegt, und da man nun schon mal mit dem großen Reinemachen begonnen hatte, konnte man in so stillen Abendstunden die Kleider, Wäsche, Mäntel und alles weitere für die erwartete Sommerzeit kontrollieren. Stück für Stück wurde aus dem Schrank geholt, dabei die vielleicht noch vorhandenen oder unbrauchbaren Mottenkugeln herausgesucht und entsorgt (auch diese rollte man in Mäusegänge). Oft ging es nicht ohne Enttäuschung ab, dass trotz Vorsorge die Maden der leidigen Kleidermotten Löcher gefressen hatten. Jedes Teil wurde auf Schäden durchgesehen. Fehlte vielleicht ein Knopf, war ein Saum nicht in Ordnung? Man machte sie heil, bürstete alles sorgfältig aus und ließ es gut lüften. Der Naftalingeruch der Mottenkugeln braucht Tage, bis er ganz verduftet ist. Einen weiteren Kellerraum hatte jede Familie, den sogenannten

Vorratsraum.

Hier wurden die Gläser mit eingewecktem Obst und Gemüse aufbewahrt, meist schön auf Holzregalen abgestellt. Die Marmeladengläser standen in Reihe und Glied, jede Sorte fein säuberlich geordnet und beschriftet. In einer Ecke stand das Fass mit dem **Sauerkraut** und auf dem Land zusätzlich ein **Fass mit Most**.

Eine Kartoffelhürde war selbstverständlich in jedem Keller, weder in der Stadt noch auf dem Land konnte man die Kartoffeln kiloweise kaufen. Sie wurden alljährlich im Herbst eingelagert, wobei man mindesten zwei Sorten wählte, eine eher mehlige als Speisekartoffel und eine Sorte, die festkochend ist. Aus der festen Sorte wurde dann Kartoffelsalat bereitet und alle anderen Gerichte, die beim Essen gerne die einzelnen Scheiben sehen lassen.

Diesem Kellerraum schenkte die Hausfrau beim Großputz besondere Aufmerksamkeit, lagerten doch hier vor allem Vorräte, die oben in der Speisekammer nicht aufbewahrt werden konnten. Alle Regale wurden feucht abgewischt, bei jedem einzelnen Glas kontrolliert, ob der Deckel noch fest geschlossen war. Die Kartoffeln musste man genau durchsehen, etwa schon vorhandene Triebe abzupfen und die Knollen ja nicht werfen, sondern sorgsam auf einen neuen Platz legen. Kartoffeln sind zart besaitete Früchte, einmal grob geworfen, haben sie schnell einen blauen Fleck. Die Überprüfung war nötig, denn eine einzige angefaulte Kartoffel hätte alle anderen anstecken können, und bis zur neuen Ernte war es noch lange hin.

Kellerdecken und Fußböden wurden wie überall gesäubert, wobei Spinnweben besonders ins Auge gefasst wurden. Spinnweben im Raum zu haben, bedeutete, keine saubere Hausfrau zu sein, und das wollte sich niemand nachsagen lassen. Noch heute mögen die Menschen die Spinnennetze nicht in ihren Wohnungen, und obwohl Spinnen sehr saubere und nützliche Krabbler sind, vermitteln sie uns ein Gefühl von Unsauberkeit.

Auf dem Land hatte man durch die eigenen Obstbäume auch Lagerobst. Die **Obsthürden** standen, soweit vorhanden, im so genannten **Tiefkeller**. Die alten Häuser waren so gebaut, dass man vom eigentlichen Keller nochmals ein paar Stufen hinuntersteigen konnte. Hinter der schweren Türe war der ganze Raum mit einem gestampften Lehmboden ausgerüstet. Dieser Naturboden sorgte für eine ideale Raumtemperatur und bot beste Vorraussetzungen zur Lagerung von Obst und Gemüse. Hier also standen die Obsthürden.

Unbehandelte Holzlatten wurden für diesen Zweck zu regalartigen Ablagen zusammengebaut und aufgestellt. Im Herbst sortierte man die Lageräpfel, die Lagerbirnen sorgfältig auf die Lattenböden. Immer nur makellose Stücke und schön die Sorten voneinander getrennt. Bis über das Weihnachtsfest war man so Selbstversorger. Ab dann bis zu den ersten Beeren aus dem Garten gab es so gut wie kein frisches Obst, es ging wirklich „ans Eingemachte." Eingeführtes Obst aus fernen Ländern, in Kühlhallen gelagerte Äpfel kannte man nicht.

Kein Wunder, wenn demenziell erkrankte Heimbewohner, die zur Weihnachtzeit frische Erdbeeren zum Nachtisch bekommen, auch noch den Rest an „Orientierung in der Zeit" verlieren.

Fast ganz vergessen ist das

Einschlagen von Wurzelgemüse.

Im Tiefkeller baute man eine Art Brettersandkasten auf und füllte ihn etwa 30 cm hoch mit feinem sauberen Fluss-Sand. Der bodenlose Kasten war genau so konstruiert wie Spielsandkästen im Garten für die Kleinen. Im Herbst, wenn das Wurzelgemüse im Garten ausgereift war, entfernte man sehr vorsichtig die Erde und die welken Blätter, steckte die Knollen vom Sellerie, die Karotten oder roten Beete in den Sand. Dort hielten sie sich monatelang frisch.

Die Möglichkeit des Frostens kam erst in den fünfziger Jahren zu uns nach Deutschland.

Beim Keller-Großputz schleppte man die leeren Regale alle ins Freie, schrubbte sie mit heißem Schmierseifenwasser ab, spülte nach und lies die tropfnassen Roste und Bretter von den ersten warmen Sonnenstrahlen trocknen. Sollte an einer Stelle ein Apfel angefault auf dem Rost einen Fleck hinterlassen haben, war durch diese Behandlung bestimmt jeder Keim beseitigt.

Noch immer musste im März am Großreinemachen weiter gearbeitet werden. Ich denke, man spürt an den Erzählungen der Bewohner noch heute, dass damals für Tage in den Familien der Ausnahmezustand herrschte.

Eine Bewohnerin berichtet:

» Nach dem Keller kam die Küche dran. Darüber haben wir uns als Kinder am meisten geärgert. Jeden Samstag mussten wir doch sowieso alle Kacheln abwaschen, die Möbelstücke feucht abreiben und den Fußboden schrubben. Weshalb also diesen Aufstand? Meine Mutter blieb hart. Alles Geschirr kam aus dem Schrank und wurde abgewaschen, alle Schubladen leer geräumt, ausgeputzt und frisch mit Schrankpapier belegt. Der ausgewaschene Küchenschrank musste gut trocknen, dann bekam auch er ein neues Papier reingelegt, und jedes Stück kam wieder an seinen alten Platz. «

» Wir mussten jedes Holzschneidebrett, jeden Kochlöffel im Faserlauf mit Vim oder Ata abreiben, da verstand unsere Mutter keinen Spaß. Waren alle Teile dann noch mit viel klarem Wasser abgespült, wurden sie auf dem Fenstersims zum Trocknen aufgestellt, aber erst, wenn die Sonne dort nicht mehr hinscheinen konnte. Unser Haus sah danach stundenlang wie eine Verkaufstelle für Holzgeräte aus. «

Das erklärt eine nette Frau, wirkt dabei aber richtig erbost.

Da meldet sich eine andere Dame zu Wort:

» Ich habe in meiner Aussteuer, 1927, die ersten, ganz modernen Holzlöffel mit Loch gekriegt, die waren zum Schaumigrühren gedacht, aber beim Saubermachen musste man Acht geben. Einen Großputz mit Vim hätten die nicht überstanden, dazu waren sie unter dem Loch viel zu dünn. «

Eine andere Dame:

» Wenn Großputz war, hauptsächlich in der Küche, gab es immer einen Eintopf und zwar einen „schnellen". Keiner hatte da Zeit, lange Gemüse zu schneiden oder Kartoffeln zu schälen. Meist waren es Erbsen oder Bohnen mit einem Stück Rauchfleisch gekocht und ein Stück Brot dazu, fertig war die Mahlzeit. «

Das Schlafzimmer brachte noch einen weiteren schweren Arbeitsgang mit sich. Hier musste aus den Matratzen Staub und Mief des Winters vertrieben werden. Sie wurden, wo irgend möglich, ins Freie geschleppt und kräftig mit dem „Bettpatscher", Teppichklopfer, bearbeitet. Eine eigens dafür geschaffene Bürste fegte dann den herausgeklopften Staub ab. Gerne ließ man sie auch anschließend noch einige Zeit in der Sonne stehen, einfach zum Lüften.

Deckbetten und Kopfkissen waren mit Federn gefüllt, je nach Geldbeutel gab es bis hin zu feinsten Daunen viele Varianten. Obwohl es üblich war, die Betten jeden Tag aufzuschütteln und mindestens eine Stunde an die frische Luft zu legen (niemals an die Sonne), wurden sie nun sehr, sehr lange im Freien in den Schatten gelegt, immer wieder umgedreht, so dass auch der letzte Rest von Nachtschweiß verdunsten konnte. Die Bettdecken waren noch nicht im Karostepp. Alle Federn wurden in das Inlett eingefüllt und nur durch das tägliche Aufschütteln gleichmäßig angenehm verteilt. Allerdings, bei unruhigen Schläfern hielt das nicht lange vor. Spätestens um Mitternacht war die gesamte Federnmenge unten bei den Füßen angekommen, und der restliche Körper wurde nur noch vom Bezug und dem Inlett gewärmt.

Hat man noch Wolldecken für die Betten, empfehle ich das Reinigungskonzept einer Heimbewohnerin:

» Wolldecken werden beim Großputz wie ein Teppich über der Teppichstange geklopft. Beim anschließenden Ausbürsten aber immer mit dem Strich, nie dagegen, sonst brechen die Wollfasern, und die Decke wird hart und dünn. «

Für Bettvorleger und alle Teppiche im Haushalt gab es im Hof, selbst in den Mietskasernen eine Teppichklopfstange. Die dicken, schweren Teppiche in den Hof zu schleppen, war eine Knochenarbeit. Dort angekommen, setzte sich die Hausfrau zuerst ein Kopftuch auf und knotete es so, das kein Stäubchen ins Haar gelangen konnte. Dann wurden die Teppiche mit der Oberseite auf die Stange gewuchtet, mit dem Teppichklopfer auf der Rückseite kräftig geklopft, abgebürstet und dann umgedreht, Auf der Schauseite bürstete man nun mit dem Strich allen herausgeschlagenen Staub sauber ab.

Originalton einer Bewohnerin:

» Ja, das war beim Großputz so, aber im Winter, wenn es geschneit hatte, hat meine Mutter uns immer zum Teppichklopfen in den Schnee geschickt. Sie hat gesagt, so wird der Teppich wieder wie neu. Mit dem „Gesicht" in schönen trockenen Schnee legen und klopfen, dann die Lage sooft verändern bis des Schnee darunter ganz sauber bleibt. Dann muss man ihn auf der Stange mit einer alten Windel abreiben, immer mit dem Strich, dann strahlen die Farben wieder wie neu, da hatte die Mutter schon recht. «

Eine andere Frau ergänzt:

» Das kann man auch im Zimmer haben, mit feuchten Teeblättern oder mit ausgedrücktem Sauerkraut abbürsten und gut nachreiben, und die Farben sind auch wieder frisch. «

Der Großputz geht seinem Ende entgegen, keiner ist traurig, aber die Haufrauen sind zutiefst zufrieden.
    Als letzten Raum werden sie sich nun noch das Wohnzimmer vornehmen. Erörtern wir hier nur die Dinge, über die noch nicht berichtet wurde, dann kann der Frühling endgültig kommen. Vor allen Dingen muss hier der Ofen mit seinem verrußten Rohr eine Generalreinigung über sich ergehen lassen, und etwas Aufmerksamkeit brauchen auch noch die Vorhänge.

Ein Herr berichtet:

» Es begann mit dem vorsichtigen Klopfen gegen das Ofenrohr. Sicher, damit der Ruß nicht gleich, wenn man es abnimmt, herausfällt. Dann wurde die Manschette gelöst und abgedreht. Wenn sie weg war, konnte man das Rohr vorsichtig aus der Wand heben, unten vom Ofen nehmen und in den Hof tragen. Alle Leute hatten damals eine Rohrbürste, die sieht aus wie die vom Schornsteinfeger, nur kleiner und mit einem kürzeren Drahtstiel. Damit ist man im Rohr kräftig hin und her gefahren und hat dann den ganzen (hoffentlich) Ruß raus geklopft. Wenn aller Dreck entfernt war, hat man es wieder schön mit Bronze angestrichen, trocknen lassen, und fertig war es. «

Übrigens, der Ruß kam auch auf den Kompost. Nichts, aber auch rein gar nichts wurde verschwendet.

Nach einer längeren Pause fährt der Herr fort:

» Alle Öfen mussten nach der Heizperiode genau gereinigt werden, man musste auch nachsehen, ob sich ein Stein oder sonst was gelöst hatte, innen. Manchmal war auch der Rost defekt, dann brauchte man den Ofensetzer, der wusste Abhilfe. «

Vorhänge waschen ist auch heute noch kein Vergnügen. Zu Großmutters Zeit war es ein Alptraum. Schon das Abnehmen der verstaubten Teile war eine unangenehme Aufgabe, denn durch die Holz- und Kohle-Heizung waren alle Stücke um ein Vielfaches staubiger als heute.

Zuerst wurden sie von den Haken oder Ringen befreit, dann eingeweicht. Die schweren, großen, nassen Vorhänge wurden dann Stück für Stück ganz vorsichtig ausgedrückt. Nur durch Hin- und Her-Bewegen in einem Feinwaschmittel konnte man sie schließlich säubern. Vor allem Stores, häufig mit Spitzen oder Stickereien versehen, waren sehr empfindlich. Erinnern wir uns, die Perlon-, Nylon-, die Kunstfaserzeit war noch nicht angebrochen. Alle Vorhänge waren aus reinen Naturgarnen. Nach mehrmaligem Schwenken im frischen, klaren Wasser drückte man sie leicht aus oder lies sie abtropfen. Um sie auf die Wäscheleine zu bekommen, brauchte man immer eine zweite Person. Zu nass, zu schwer, um alleine damit fertig zu werden, wurden gerne die Kinder zum Hilfsdienst gebeten.

Stores nahm man dann von der Leine, wenn sie noch leicht feucht waren. Je nach Material brauchten sie noch einen weiteren Arbeitsgang. Man musste sie spannen. Gut ausgesteuerte Frauen hatten dazu Rahmen, einfach vier Holzteile, die man so verstellen konnte, dass alle Größen eingespannt werden konnten. Oben und unten, rechts und links hat man den Vorhangstoff mit Stecknadeln in die weiche Tannenholzleiste gepickt (oder in die vielen Stifte der Rahmenleisten eingehängt) und so trocknen lassen. Das hatte den Vorzug, kein Teil war zipflig, alles ließ sich viel leichter bügeln.

Bei jedem dieser Berichte wurde mir erneut deutlich, was für eine Lebensleistung diese Hausfrauen bewältigt haben. Wir, die wir mit moderneren Hilfsmitteln und Materialien leben, können da nur staunen und uns darüber freuen, dass der Fortschritt auch vor unserem Haushalt nicht Halt gemacht hat.

Mit Putzen in Haus und Garten ist der Monat März schon ziemlich weit voran geschritten.

Der 15. März, die

Iden des März

sollten nicht vergehen, ohne hier erwähnt zu werden. Jeder hat schon mal davon gehört, weiß aber nicht genau, was das bedeutet. Die mittleren Tage eines Monats, speziell aber die des März, fürchtete man voller Aberglaube über viele Generationen hinweg. Selbst in der Literatur sind die Warnungen festgehalten. Man glaubte bestimmt, dass der mittlere Tag eines Monats immer eine Wende bringt, und die konnte nicht immer zum Guten ausgedeutet werden. Außerdem lauerten ja überall noch die Geister und Unholde und wollten einem Böses. Dieser Aberglaube hat noch in meiner Kindheit gewirkt.

Am 15. März durften wir Kinder im Freien nichts essen.
Am 15. März sollte niemand zum Fenster hinaus sehen.
Am 15. März musste man seine Schuhe am Abend nicht nur putzen, sondern abwaschen.

Auf alle Fragen gaben die Alten immer nur eine Antwort: „Das ist ein Tag mit schwerer Luft." Allerdings waren dieselben Menschen auch davon überzeugt, dass eine schwarze Katze, die einem über den Weg läuft, nur Unglück bringen kann.

All diesem Aberglauben kann man im März nun zwei Heilige entgegensetzen. Da wäre als erster für den 17. März der

Heilige Patrick

zu nennen, der Schutzpatron der Irländer. Seine Lebensgeschichte war ein einziger Kampf. Adlig geboren und sehr offen erzogen, wurde er als Jüngling von Seeräubern entführt und als Sklave verkauft. Dort in der Sklaverei soll er seinen Gott gefunden haben. Nach sechs Jahren konnte er sich befreien und nach Irland heimkehren. Angekommen im Heimatland hat er nimmermüde, allen Schwierigkeiten zum Trotz den Glauben gelebt und verkündet. Er wird unter anderem gerne mit einem Kleeblatt abgebildet. An diesen drei zusammengehörigen doch jeweils eigenen Blättern hat Patrick dem einfachen irischen Volk die Dreieinigkeit erklärt. Seit dieser Zeit trägt ein gläubiger Ire am St. Patrickstag ein Kleeblatt im Knopfloch.

Noch wichtiger als Schutzheilige ist die

Heilige Gertrud.

Ihr Verdienst ist, dass sie sich sehr um die Jugend, vor allem um die weibliche Jugend bemühte. Sie versuchte, den Mädchen nicht nur Gott näher zu bringen, sondern sorgte auch für etwas Bildung und vor allem für handwerkliches Können. Gerne wird sie deshalb auch mit Spinnrad oder Spinnrocken abgebildet. Da sie den jungen Frauen aber auch beibrachte, wie man sich gegen Ungeziefer und Mäuse wirkungsvoll zur Wehr setzt, sind Katze und Maus auch gerne auf ihren Abbildungen dabei. Sie ist zwar die Schutzpatronin der Spinnerinnen, kann aber sicher beim Großputz auch angerufen werden. Auch ihr Gedenktag ist der 17. März.

Frühlingsanfang

Am 21. März beginnt der Frühling auch im Kalender. Die Sonne ist von den Fischen zum Sternkreiszeichen Widder gewandert und damit beginnt der Frühling ganz offiziell. Vielerorts wird dieser Tag noch heute Frühlingsgleiche genannt, d.h. im Frühling ist dies der Zeitpunkt, an dem Tag und Nacht gleich lang sind.

Die alten Römer glaubten, dass an diesem Tag die Welt erschaffen wurde. Ihr Kalender begann deshalb mit dem ersten März und da ihr wichtigster Gott der Kriegsgott Mars war, ist es nur logisch, dass sie den ersten Monat nach ihm benannt haben. Nach dem alten römischen Kalender war März also der erste Monat in ihrem Jahreskreis.

Kind mit Hüpfere

Einige Gedanken sollten wir nun den Kindern im Frühling noch schenken. Für sie muss die warme, nun beginnende Jahreszeit wie eine Befreiung gewirkt haben. Die Heimbewohner darauf angesprochen, konnten auch nicht genug erzählen, wie sehr sie diese Tage herbei gesehnt und dann genossen haben. Noch in der Erinnerung werden sie ganz lebhaft. In ihren Berichten tauchen alle Spiele und die dazu gehörigen Geräte wieder auf, die auch unsere Kinder durch ihre Kinderzeit begleiten.

Das Sprungseil

Dazu möchte ich gleich wieder eine alte Dame sprechen lassen:

» Solche schönen Seile, wie meine Enkel sie haben, hatten wir nicht. Entweder erwischten wir einen Kälberstrick aus dem Stall, oder wir hatten halt nur eine dicke Schnur. Wenn sie lang genug war, haben wir sie mit den Fingern gehäkelt, dann war sie viel dicker und schwang einfach prima. Hatten wir aber nur ein kurzes Stück, dann musste man es in der Regentonne oder am Brunnen nass machen, da wurde es schwerer und flog auch schön. «

» Mit einem langen Seil konnten wir, wie unsere Enkel heute, zu dreien spielen. Zwei mussten schwingen, die Dritte durfte hüpfen. Unterschiedliche Regeln gab es da. Eine weiß ich noch. Sie hieß, den Ehemann raushüpfen. Jeder musste so lange hüpfen, bis er nicht mehr konnte. Die beiden Schwinger zählten mit. Jeder Sprung galt für ein Jahr, das man noch warten musste, bis sich ein Ehemann einstellte. «

Die alte Dame lacht und berichtet weiter:

» Natürlich haben alle gemogelt und so bei zwanzig, damit es nicht gar so auffiel, einen Fehler gemacht. Einmal wollte ich es aber genau wissen und habe einfach weiter gehüpft, bis mir die Luft ausging. Auf Einhundertacht bin ich gekommen, also muss ich jetzt nur noch einundzwanzig Jahre warten, dann kommt er, mein Herzallerliebster. «

Die 87 Jahre alte Dame war nie verheiratet, und nun wusste der ganze Kreis endlich die Ursache.

Fangen und Verstecken

muss nicht erklärt werden. Eine nette Erzählung möchte ich aber festhalten. Ein fast kugelrunder, alter Herr, Rollstuhlfahrer, immer mit einem Schalk in den Augen, wirft ein:

» Verstecken und Fangen? Das waren nie meine Spiele, ich hab es schon als Kind mit Churchill gehalten „No sports". «

Keinen Sport heißt das, fügte er für die Damen vorsichtshalber hinzu, obwohl ich fast sicher bin, dass diese beiden Wörter so ungefähr das Einzige waren, was er von der englischen Sprache zur Verfügung hatte.

» Ich habe mich immer gleich fangen oder finden lassen, damit ich meine Ruhe hatte. Und dann tat mir jedes Mal was anderes weh, damit ich nicht suchen oder fangen musste. «

Die Hüpfspiele

Auch damit haben sich alle Generationen die Kinderzeit verschönt. In Stadt und Land spielt man das heute noch nach den alten Regeln.

Eine Bewohnerin erzählt ganz schüchtern:

» Wir wollten keinen Ehemann. Wir hüpften im Pausenhof ums Tafelputzen. Ich konnte den großen Schlusshüpfer, wo man sich so umdrehen muss, nicht so recht, ich musste sehr oft die Tafel putzen. «

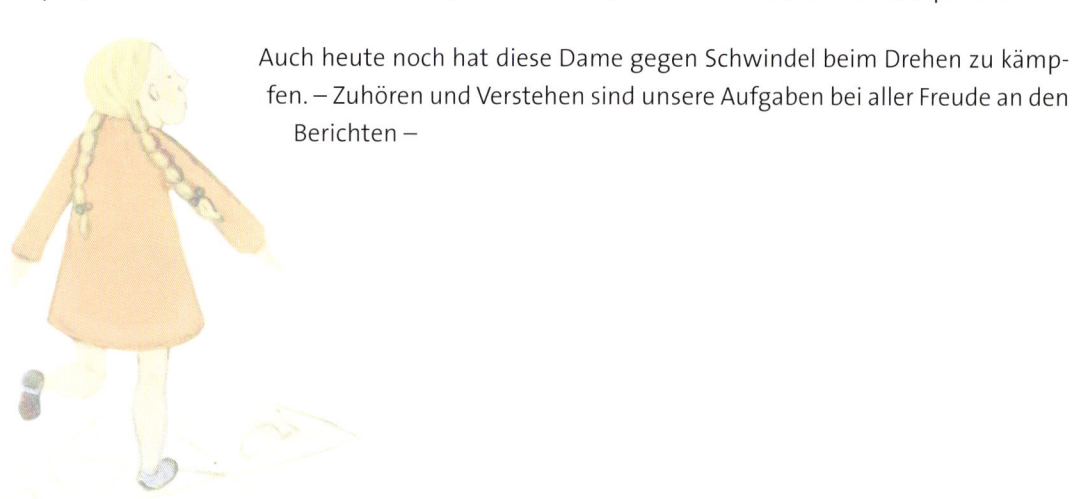

Auch heute noch hat diese Dame gegen Schwindel beim Drehen zu kämpfen. – Zuhören und Verstehen sind unsere Aufgaben bei aller Freude an den Berichten –

In katholischen Heimen wird sicher am 24. März das Fest von

Maria Verkündigung

gefeiert. Auch nicht katholische Christen wissen, dass ist der Tag, an dem der Erzengel Gabriel Maria verkündigte, dass sie die Mutter des Heilands werden würde. Auch allen nicht kirchlich orientierten Menschen wird nun klar, in neun Monaten, auf den Tag genau, ist wieder Weihnachten. Dieses Fest ist ein Kirchenfest, und wenn wir genau hinhören, kann man erspüren, wie gerne unsere katholischen Bewohner an diesem Tag in den Gottesdienst möchten. Wo immer es möglich ist, sollten wir Sorge tragen, dass dieser Wunsch in Erfüllung geht. Lässt es die Personalknappheit nicht zu, finden wir auch keine freiwilligen Helfer, müssten wir im Gespräch einen kleinen Ersatz bieten. Das kann auch während der Pflege sein oder beim Essen. Keiner verlangt eine Predigt, aber ein paar passende Worte dürfte jeder Pflegende finden. (Durchaus dürfte der Heimpfarrer hierfür ein guter Ratgeber sein!)

Langsam neigt sich der März seinem Ende zu. Im Haus und Garten ist viel zu tun, immer noch dürfen die Frauen, wie es im Lied heißt, „nicht ruhen".

Vor der Türe steht das große Osterfest, in dem verdeutlicht wird, wie das Licht siegt. Alle Gebräuche und Rituale kreisen darum. Vierzig Tage müssen mit Fasten und genügsamen Leben, mit Beten und Büßen nach Aschermittwoch verbracht werden, bis die Osterglocken läuten.

    Wir kennen Kalenderjahre, in denen Ostern im März liegt und solche, da fällt dieses große Fest in den April. Das hängt vom Vollmond ab. Ostern wird am ersten Sonntag nach dem auf Frühlingsanfang folgenden Vollmond gefeiert. Der früheste Ostertermin ist der 22.März, der späteste der 25. April.

Ich möchte dieses Fest, seines weitgespannten Brauchtums wegen, gerne in den April verlegen. Liegt Ostern nun aber im März, dann kann man den folgenden Zeitplan einfach austauschen und im April das Arbeitsangebot vom März betrachten.

Zeitplan für den März
Themenvorschläge

1. Woche

Gespräch über den März:

Was war zu tun im Haus, im Garten:
- Das Frühbeet, Mistbeet.
- Welche Gemüse und Blumen kommen ins Freiland?
- Welche bleiben zur Vorzucht noch im Haus?
- Immer mit Bildern unterstützen.

2. Woche
- Was hat der Bauer zu tun?
- Was machten die Stadtfrauen und Landfrauen am Abend?
- Welche Großputzvorbereitungen wurden getroffen?
- Wo wurde begonnen?

3. Woche

Großputz:
- Auf dem Dachboden,
- im Keller,
- in der Küche,
- im Schlafzimmer mit Vorhang,
- im Wohnzimmer mit Teppich und Ofen.

4. Woche

Kinderspiele im März:
- Fangen,
- Verstecken,
- Seilspringen,
- Hüpfspiele
- und von weiteren berichten lassen.

APRIL

Der April

Der April

Unser vierter Monat im Jahreskreis ist der April, und jedes Kind kennt den Spruch:
„April, April, der machet, was er will,
bald Regen und bald Sonnenschein,
dann schau'n die Wolken düster drein;
April, April, der machet, was er will."

Sein Name kommt von dem lateinischen Wort aperire, was öffnen bedeutet. Und wirklich, dieser Monat öffnet das Wachstumsjahr. Früher nannte man ihn Launing, da braucht es keine Erläuterung, kein Monat hat so launisches Wetter im Gepäck wie der April. Sehr häufig liegt Ostern im April und deshalb wurde er von unseren Vorfahren auch Ostermonat genannt.

Am 1. April

ist der Narrentag. Jeder versucht jeden, in den April zu schicken. Dafür gibt es viele Erklärungen, die alle in vorchristlicher Zeit oder im Aberglauben ihre Begründung haben. Begnügen wir uns damit, es ist ein Spaß, den sich keine Generation nehmen ließ. Als Kind wurde man in die Apotheke geschickt, um eine Portion „Hau-mi-blau" zu holen. Auch Mückenfett sollte es dort in Tüten geben. Wenn eine ernste Männerstimme am Telefon erklärt, vom Telefondienst zu sein und den Hausherrn bittet, doch schnell seine Telefonleitung auszumessen, wird er es tun. Meldet er dann hilfsbereit das Ergebnis, stellt der „Monteur" nur lakonisch fest: „Mensch, haben Sie aber eine lange Leitung!" Ach, jeder überall in Deutschland musste sich schon mal in den April schicken lassen. Für Kinder ist es ein Heidenspaß.

Das Fest, das aber von allen, ob groß oder klein, freudig erwartet wird, ist

das Osterfest.

Es beginnt mit dem

Palmsonntag.

Die Kirche erinnert ihre Gläubigen an diesem Tag an den Einzug Jesu in Jerusalem und damit an die Wankelmütigkeit der Massen. Gejubelt haben sie und ihre Kleider und grüne Zweige auf seinen Weg gelegt. Es erinnert sehr an den heutigen Überschwang, wenn ein gefeierter Star erscheint. Auch dieser wird gnadenlos ausgestoßen, wenn er nicht mehr ins Bild passt.

Die Osterglocke

Alle Bewohnerinnen und Bewohner unserer Heime kennen den

Palmesel.

Früher war er eine Holz- oder Pappfigur. Jesus auf dem Esel ritt so in jeder Prozession zum Palmsonntag mit. Heute ist ein Palmesel der, welcher am Palmsonntag als letzter aus den Federn kriecht. Er muss die ungeliebten Hausarbeiten an diesem Sonntag übernehmen, quasi das Leid tragen.

Palmbuschen

In der katholischen Kirche ist es auch heute noch üblich, die grünen Zweige, die zur Erinnerung an das Geschehen im heiligen Land in der Palmprozession mitgeführt werden, vorher zu weihen. In Ermangelung von Palmen nimmt man seit Jahrhunderten immergrünen Buchsbaum oder duftende Wachholderzweige. Das Palmkätzchen an Ostern schon in Blüte war auch begehrt, es hat sogar seinen Namen dadurch erhalten.

Palmbuschen können ganz einfach sein oder auch wunderschön gebunden und mit Bändern umwickelt. Häufig ist ein Ei oder mehrere mit eingearbeitet als Symbol für das Leben.

Eine Dame aus dem Allgäu berichtet:

» Als wir Kinder waren, hat man noch richtige Palmbuschen gemacht. Dazu brauchte man einen Haselstecken und von all den schon grünen Zweigen je drei Stück, dazu drei mal drei ausgeblasene Eier. An den Stecken hat man nun die drei Buschen gebunden, jeweils drei Eier drangehängt und in die Kirche getragen. Dort sind sie geweiht worden, und am Palmsonntag haben wir sie in der Prozession stolz mitgetragen. «

Ein Stückchen aus diesem geweihten Zweig hat man gerne im Herrgottswinkel aufgesteckt, das blieb dann da bis zur nächsten Palmsonntags-Prozession.

Mädchen, die am Palmsonntag mit dem Licht (Sonnenaufgang) aufstehen, an die nächste Quelle oder den nächsten Bach eilen, sich mit dem Palmsonntagswasser waschen, werden schön wie der lichte Tag. Kein Wunder also, dass so viele Landmädchen immer so eine frische Haut und so rote Wangen haben!

Mädchen am Bach

Wer einen Osterstrauß mit bemalten Eiern im Zimmer aufstellen will, muss sich sputen. Werden die noch kahlen Zweige nämlich erst nach dem Palmsonntag ins Wasser gestellt, können sich am Ostersonntag noch keine Blättchen zeigen.

In vielen Städten werden die Brunnen mit Ostereiern und den grünen Zeigen geschmückt. Ohne Wasser kein Leben. Auch das Ei ist schon immer ein Symbol für das Leben gewesen. Und wenn mit dem Grünen die Erde zu neuem Leben erwacht, hat man mit der heiligen Zahl drei alles ausgedrückt.

Auf allen Wiesen, in jedem noch so kleinen Stückchen Vorgarten sind jetzt die Gänseblümchen zu finden. Kleine Mädchen haben sie am Palmsonntag gerne zu Kränzchen gebunden und auf den Kopf gesetzt. „Jedes Jahr hat man das gemacht", erinnert sich eine Dame aus dem Pflegeheim. „Man macht in den schön kurz gebrochenen Stiel mit dem Fingernagel einen kleinen Schlitz und steckt hier das nächste Blümchen durch und so geht es immer weiter, bis das Kränzchen fertig ist."

Die Karwoche wird mancherorts auch „Stille Woche" genannt, und damit drückt man aus, was an Verhalten jetzt erwartet wird. Es ist in Erinnerung an das Geschehen auf Golgatha eine Trauerwoche, im althoch-deutsch gab es das Wort „Kara" für Trauer, so ist der Begriff „Karwoche" entstanden. Es ist mir bewusst, dass es auch andere Erklärungen gibt.
Mit dem

Gründonnerstag

beginnen die richtigen Trauertage. Ursprünglich war nicht die Farbe Grün gemeint, sondern das alle Trauer begleitende Weinen oder Greinen. „Grein-Donnerstag" hieß es und daraus wurde dann der Gründonnerstag. Auch da gibt es andere Deutungen. Gläubige Christen begründen den Namen wieder biblisch. Im Lukasevangelium steht ein Wort von Jesus: „Wenn dies am grünen Holz geschieht, was wird dann erst am dürren geschehen?" Gemeint war, wenn einer ohne Sünde gerichtet wird, was mag dann wohl den Sünder erwarten.

In allen christlichen Familien gibt es am Gründonnerstag aber irgendein grünes Gericht. Besonders beliebt ist dabei der Spinat. Noch grüner geht es nicht. Im Schwäbischen liebt man die Maultaschen sehr. Am Gründonnerstag werden sie mit Spinat gefüllt, und wenn dann aus Versehen ein Stückchen Speck hineinfällt, wird es der liebe Gott ja in der Teigtasche nicht sehen.

Der Gründonnerstag ist in vielen Gegenden auch der Tag der Kräutersuppen und Kräuterbrote.

Die Feststellung einer Heimbewohnerin:

» Am Gründonnerstag gib es nur eine Kräutersuppe, jetzt ist doch noch Fastenzeit, und da gibt es nicht so viel zu essen, nur soviel, dass der Magen nicht knurrt. Die Kräutersuppe ist nur mit grünen Kräutern gemacht. Da braucht man Lauch, Petersilie, Brennnessel, Schnittlauch und Löwenzahn, aber überall nur die zarten, frischen Blättchen, in dieser Jahreszeit gibt es davon ja genug. «

Auf dem Land war man zu allen Zeiten enger mit der Natur verbunden, dafür sehr viel abergläubischer als in der Stadt. In ländlicher Umgebung war die gegenseitige Kontrolle schärfer, man interessierte sich für seinen Nachbarn im Guten wie im Schlechten.

In den Tagen ab Gründonnerstag hatte man zu fasten, ohne Wenn und Aber, auch die schwächeren Familienmitglieder wurden jetzt einbezogen. Es gab für die Tage bis Ostersonntag nur noch die „Wasser- und Kräutersuppen", davon allerdings so reichlich, wie man wollte.

Heute wissen wir längst, wie gut es dem Körper bekommt, wenn er für ein paar Tage entgiftet wird. Die Menschen fühlten sich danach tatsächlich an Ostern frei und beschwingt, wie neugeboren. Aber der Aberglaube blüht noch heute.

Kleine Sünden oder Laster, wie das Pfeifchen am Abend, das Gläschen Most zum Vesper, sind ab diesem Tag bis zum Ostersonntag für gute Christen untersagt.

Nicht nur aus Fastengründen, denn mit den Genussmittel ziehen die bösen Geister in den Körper ein. Das war gut beobachtet: Wer beim Fasten seinen Organismus mit Drogen belastet, wird zwangsläufig eine körperliche Reaktion verspüren. Das sind die bösen Geister!

Lautes Lachen und Ratschen (mit der Nachbarin ein Schwätzchen halten) waren tabu. Die bösen Geister hörten zu und trugen die Tratschereien durchs Dorf. Dafür gibt es auch eine Erklärung: Während des Fastens ist die Psyche sehr empfindlich und aufmerksamer als sonst. Man fühlt sich schneller verletzt und möchte gerne in Harmonie leben.

Die Gründonnerstags-Eier aus dem Hühner- oder Gänsenest werden bis heute als „Guteier" bezeichnet und gelten als besonders kräftigend.

Das Abendmahl

Am Gründonnerstag-Abend hat Christus mit seinen Jüngern, wie sonst wohl häufig auch gemeinsam, das Abendessen, sprich Abendmahl, eingenommen. Allen wurde dabei sehr bald klar, dass dies heute etwas Besonderes war. Seine Worte zum Sinnbild des Neuen Bundes sind im neuen Testament nachzulesen oder uns aus der Schulzeit bekannt. Noch immer feiern die Kirchen am Abend des Gründonnerstag das Abendmahl mit ihren Gläubigen.

In katholischen Gegenden schweigen ab Gründonnerstag-Abend die Kirchenglocken bis zur Auferstehungsmesse, dem Gloria-Läuten, am Ostersonntag in der Frühe.

Der Karfreitag

ist für die evangelischen Christen der höchste Feiertag außer dem Weihnachtsfest. In meiner Kindheit wagte sich an diesem Tag keine Frau aus dem Haus, ohne schwarze Trauerkleidung zu tragen. Auch die Kinder hatten allgemein Spielverbot, sowohl draußen als auch im Haus.

Ich erinnere mich noch heute an die unglaublich langen und langweiligen Stunden dieses Tages, der nicht zu Ende gehen wollte. Dieser Brauch sollte im Volk das Warten und Leiden des Herrn nachfühlbar machen, auch schon im Kindesalter. In den katholischen Kirchen wird am Karfreitag das Kreuz verehrt und in den Mittelpunkt gestellt. Man glaubt, seit dem vierten Jahrhundert, das Kreuz Jesu gefunden zu haben, und allen Wallfahrern wird es zu Ostern in Jerusalem am Karfreitag einmal gezeigt.

Die Speise des Trauertages ist Fisch.

Der Fisch,

das Symbol der Christen, wurde entweder aus dem Süßwasser gefischt oder kam als getrockneter Seefisch, dem sogenannten Stockfisch, in den Topf. Strenggläubige haben ihn stets gekocht, nicht gebraten, wobei eine Forelle blau nun wahrhaftig nicht zu verachten ist.

Das Karfreitagsbrot hatte immer ein tief eingekerbtes Kreuz oben auf und war nur aus schwarzem Mehl, Roggenmehl, gebacken. „Judasse" nannte man eine Brötchenform, die wie ein Strick gedreht war, zur Erinnerung an den Strick, mit dem Judas sein Leben beendete.

Da am Karfreitag die Hühner auch Eier legten, hielt man diese für besonders heilkräftig. Man gab sie nach den Feiertagen all den Angehörigen zu essen, die einer besonderen Hilfe bedurften. Schwangeren Frauen, Kranken und Betagten. Kindern, die nach Ostern eingeschult werden sollten, bekamen, rein vorsorglich, auch ein Karfreitagsei.

Ostermoos

Am Karfreitag holten die Dorfkinder im Wald schöne, weiche, grüne Moospolster für ihre Osternestchen. Liebevoll und erwartungsvoll wurden sie im Garten oder vor dem Haus aufgebaut und mit Namen versehen. Der Osterhase ist ein gebildetes Tier, kann deshalb lesen und hatte es so leichter, die richtigen Dinge ins Nest zu legen.

Am Ostersamstag

Alle Arbeit, die am Karfreitag ruhen musste, wird am Karsamstag nachgeholt. In aller Frühe beginnt das Putzen und Backen, das Vorkochen und Schmücken der Räume. Die eigene Körperpflege kommt auch nicht zu kurz. Am Ostersamstag hat man sich „ganz" gewaschen.

Bericht eines Pflegeheimbewohners:

» Am Ostersamstag war unsere Mutter wie ein Irrwisch. Sie sprang im Haus herum und putzte wie net g'scheit alles, was man nur putzen kann. Wir Kinder mussten in der Waschküche die große Badewanne aufstellen und im Waschkessel das Wasser heiß machen. Dann kamen alle Kinder der Reihe nach ins Wasser zum Bad. Für jedes Kind gab es einen Schöpfer frisches heißes Wasser nach. Mit Kernseife mussten wir uns von oben bis unten abschrubben. Das dauerte den ganzen Nachmittag. Keiner durfte dann mehr raus zum Spielen. Der Vater war als Letzter an der Reihe. Der hat zwei Schöpfer Wasser gekriegt, (er lacht) vielleicht war er auch der Dreckigste! Wann die Mutter dran war, weiß ich nicht, solange wir wach waren, nicht. «

Frauen und Mütter hatten früher vor so Festtagen, vor allem wenn sie ohne Personal haushalten mussten, ein schweres Los, und unglaubliche Leistungen wurden von ihnen erwartet.

Heute sitzen diese Frauen in unseren Heimen und leiden darunter, dass sie zu „gar nichts mehr nütze sind". Es ist an der Zeit, in allen Heimen darüber nachzudenken. Auch oder gerade weil wir ihnen unsere eigene Zeitknappheit ständig vorleben. Wie können wir ihnen etwas Selbstwertgefühl und kleine Aufgaben zukommen lassen? Wer nicht will, hat alles Recht, dies zu verweigern. Hinhören und Verstehen, das schaffen alle guten Altenpfleger.

Am Karsamstag wurden am Nachmittag und Abend die Eier gefärbt. Man benützte dazu früher, die heute wieder gern gewählten, Naturfarben von Pflanzen und Mineralien.

Der Waschtag

➤ **Zwiebelschalen** im Wasser, in dem die Eier gekocht werden, geben einen schönen Braunton ab.
➤ Auch **schwarzer Tee** bringt eine braune Farbe.
➤ **Efeublätter** geben einen stumpfen, leicht grünen Ton.
➤ **Brennnessel** dagegen lassen das Grün heller erscheinen.
➤ **Kümmel** aus der Küche bringt ein schönes Ockergelb auf die Eier.
➤ **Blauholz** (Drogerie) färbt die Eier in einem Blauton ein,
➤ **Rotholz** zaubert eine rosa Färbung hervor.

Herrlich weich sind diese Pastelltöne. Sie tun dem Auge gut und werden heute gerne zu Dekorationszwecken eingesetzt. Kinder bevorzugen kräftige Farben, schon zur Zeit unserer Großeltern gab es die richtigen Ostereierfarben in kleinen Tüten zu kaufen. Alle Schattierungen lassen sich damit einfärben, und die Bewohnerinnen der Pflegeheime wissen noch heute, wie das geht. Alle Eier bekommen einen sehr attraktiven Glanz, wenn man sie mit einer Speckschwarte abreibt.

Das Osterei konnte sich in ein richtiges Kunstwerk verwandeln. Es wurde zu allen Zeiten bemalt, gekratzt, beklebt und noch mit vielen anderen Techniken verziert. In Museen kann man sie bewundern. Auf der schwäbischen Alb gibt es ein Ostereier-Museum. Erpfingen heißt das kleine Dorf. Es lohnt sich, wenn man in die Gegend kommt, dort mal eine Pause einzulegen.

Besonders schön bemalte Eier bekamen Kinder alljährlich von ihren Paten geschenkt. In gut gestellten Familien schenkte man Eier aus edlen Steinen, aus Porzellan oder Edelmetallen, die in Schlössern noch heute zu besichtigen sind. Die Ostereiersammlung der letzten Zarin von Russland ist berühmt.

Sprucheier

Wenn ein verliebter Bursche seinem Mädchen etwas ganz Besonderes schenken wollte, schenkte er ein Spruchei. Ein Gänseei wurde ausgeblasen, auf beiden Längsseiten ein etwa 3 cm langer Schlitz gefräst. Durch diesen zieht man ein dünnes Band, auf dem ein Liebesspruch steht. An je einem Holzstäbchen rechts und links befestigt, kann das Bändchen aufgewickelt werden. Die junge Dame darf am Osterfest das Bändchen herausspulen und das Liebesgeständnis lesen.

Der Ostersonntag

Nach der langen Fastenzeit freut sich Jung und Alt auf diesen Tag. Christen aller Kirchen begehen ihn mit einem Gottesdienst. In vielen Kirchen wird auch ein Auferstehungsgottesdienst gefeiert. Man geht noch bei Nacht in die Kirche und mit Sonnenaufgang beginnt der Gottesdienst. Häufig gibt es auch anschließend ein gemeinsames Frühstück mit Osterbrot. Das ist ein Hefeteigstollen, auf dem Ostersymbole abgebildet sind.

Mancherorts gingen die jungen Mädchen vor Sonnenaufgang an einen Bach, pflückten dort schweigend fünf Blumen oder Gräser, tauchten sie in das Wasser und brachten sie zu Hause im Aussteuerschrank unter. Den Segen für die künftige Ehe und Familie hatten sie so gesichert. Das Glockengeläute von allen Kirchen muss für unsere Vorfahren erhebend gewirkt haben, und noch heute lauschen wir gerne und bewegt diesem vielstimmigen Chor.

Der Osterhase

Osterlämmer aus Biskuit-Teig, schön dicht mit Puderzucker überstäubt, sind um Ostern bei jedem Bäcker zu haben. Das Lamm Gottes, als Symbol für Christus mit einer rotweißen Kreuzfahne im Rücken, kennen wir alle. **Osterkränze**, den Kreis des Lebens darstellend, **Osterwickel** die Verbundenheit mit Jesus ausdrückend, all diese Köstlichkeiten aus Hefeteig gefertigt gehören auf den Osterfrühstückstisch.

Kein Osterfest ohne den

Osterhasen.

Dabei ist dieser Geselle noch gar nicht so lange im Dienst. Erst ab dem 17. Jahrhundert hat man ihn aus dem Wald gelockt. Er ist evangelisch. Evangelische Christen wollten mit ihm ein Gegenmodell zu den in der katholischen Kirche geweihten Ostereiern schaffen. Ihre Kinder sollten glauben, die Eier brächte eben dieser Hase. Kleinere Landkinder bekamen damit Schwierigkeiten.

Bericht einer Bäuerin:

»Ich war vielleicht so 4 Jahre alt, und da brachte der Osterhase uns allen viele schöne Ostereier. Ich wusste ja längst, dass die Eier aus dem Hühnerstall kommen und weiß sind. Mein Vater erklärte mir: „Christel, das ist so, die Hühner legen weiße Eier, der Osterhase bunte. Da er aber soviel springen muss, kommt er in Hitze, und seine Eier werden im Bauch gekocht. Wenn er sie dann legen will, strengt ihn das so an, dass sich die Eier verfärben. Das geht aber nur am Ostersonntag morgens. Das ganze Jahr über versucht es jeder Hase immer wieder, aber alles, was sie zustande bekommen, sind winzig kleine, braune Eierkügelchen, dafür aber viele." Das Gelächter der großen Geschwister zeigte mir schon, dass da etwas nicht stimmen konnte, aber was es war, habe ich erst später erfahren. «

Diese Erklärung des alten Bauernvaters verdient eigentlich einen Preis.

Eine andere berichtete:

» Meine Eltern waren mit einem Förster sehr befreundet. Ich wusste, dass er auch Hasen schoss, denn manchmal brachte er einen für uns mit. Zur Osterzeit hatte ich nun furchtbar Angst, dass er aus Versehen den Osterhasen erschießen würde. Er: „Keine Angst, Mädchen, das kann gar nicht geschehen. Osterhasen haben im Wald immer ein goldenes Bändchen um den Hals, das glitzert so, dass jeder Jäger weiß, das ist der Osterhase". Mich hat das jahrelang beruhigt. «

Zu Ostern gab es immer neue Kleider. In ärmeren Familien wurden die vom Vorjahr aus dem Schrank geholt und ein klein wenig aufgeputzt. Besser gestellte Kreise gingen zur Kirche mit dem neuen Kleid, mit dem neuen Hut oder wenigstens mit neuen Strümpfen. Viele Kinder bekommen auch heute noch von Tanten oder Paten zum Osterfest Kniestrümpfe oder Söckchen. Man war durch das Ostergeschehen ein neuer Mensch geworden, das wollte man auch mit neuem Äußeren zeigen.

Warum ein Hase? Viele Erklärungen gäbe es da zu berichten. Sicher ist seine sprichwörtliche Fruchtbarkeit ein Grund. Sein gekonntes Hakenschlagen, um damit wirklich allen Gefahren aus dem Weg zu gehen, ein anderer. Gut für die Kinder, konnte er auf diese Weise doch alle aufgestellten Osternester erreichen.

Kinderspiele zu Ostern

Ein besonderes Spiel ist das erste am frühen Ostermorgen. Da der Tau wie das Osterwasser der Gesundheit als besonders förderlich galten, legten die Kinder in der Nacht vor dem Osterfest im Garten große Tücher aus. Morgens, vor Sonnenaufgang gingen sie barfüßig im Nachthemdchen hinaus und wälzten sich auf diesem taunassen Tuch so lange, bis Nachthemd und Körper feucht waren. Damit sicherte man sich für den Körper Gesundheit und für die Kleider lange Haltbarkeit.

Mit den Eiern lassen sich wunderbare Spiele veranstalten.

Eierschlagen

Früher, als die Hühnereier noch nicht aus Legebatterien stammten, konnte man mit diesem Spiel auch an verregneten Ostertagen die Kinder und Jugendlichen begeistern. Zwei Spieler, jeder mit einem Ei in der Hand, standen sich gegenüber. Einer musste sein Ei halten und der andere durfte sein Ei dagegen stoßen. Natürlich hielten beide entweder das runde oder das spitze Ende nach vorne.

Blieb das Ei heil, wurde mit dem Stoßen gewechselt, ging es kaputt, bekam es der Gegner.

Eier rollen

Ein sehr stiller Herr aus der Runde berichtet:

» Am Osternachmittag, wenn alle ihre Pflichten erledigt hatten (Abwasch und dergleichen), gingen alle Kinder zum Buckel hinterm Dorf. Jeder hatte seine Ostereier dabei. Oben am Berg stellten wir uns in einer Reihe auf und wählten unsere Farben. Jeder musste eine andere haben, sonst gab es nachher Streit. Man musste sein ausgewähltes Ei mit soviel Schwung rollen, wie man eben schaffte. Werfen war bei uns verboten. Das Ei, das am weitesten gekullert war, hatte gesiegt, und sein Besitzer bekam einen Punkt. Wer am Abend die meisten Punkte hatte, war Jahressieger. Preise gab es bei uns nicht. «

Eierlaufen

Das kennen wir von den Kinderfesten. Die Kinder stehen in einer Reihe. Auf einen Esslöffel wird ein Ei gelegt. Mit weit vorgestrecktem Arm muss die Kindergruppe auf ein Kommando loslaufen, und das Ei sollte im Ziel noch auf dem Löffel liegen. War es gefallen, schied man aus.

Eine Dame berichtet ganz aufgeregt:

» Das haben wir auch gespielt, aber wir haben es Hindernislaufen genannt. Erstens hatten wir Eierlöffel, und unterwegs standen Kisten, über die man steigen musste. «

Eierverstecken

In vielen Familie werden die Ostereier nicht in die Nester gelegt, sondern im ganzen Garten oder Zimmer versteckt. Die Kinder gehen sie dann mit Körbchen ausgerüstet suchen. Originalton eines Bewohners aus der Gruppe:

» Mein Vater hatte eine Schreinerei. Bei uns im Hof waren immer so Bretterstöße mit kleinen Latten oben und unten dazwischen, damit das Holz gut trocknen konnte. Einmal zu Ostern hatten die Eltern die Eier so gut versteckt, dass wir zwei Nester nicht gefunden haben. Auch die Eltern konnten sie nicht mehr entdecken. Erst als im Sommer ein Bretterstoß gebraucht wurde, fand man das eine Nest, allerdings waren da nur noch die gefärbten Schalen übrig, ein Tier hat sich den Segen schmecken lassen. Das andere Nest ist nie gefunden worden. «

Eine skeptische Bewohnerin meint sehr spitz dazu:

»Vielleicht gab es das Nest ja gar nicht?«

Richtig erbost antwortet er:

»Doch, meine Eltern konnten doch zählen. Sie haben fünf Nester gerichtet, zwei der Vater, drei die Mutter, aber alles schon am Tag davor. Dann war so viel Umtrieb und Besuch, da haben sie es einfach vergessen. Dumm war es schon, jetzt mussten wir schon wieder mal teilen.«

Eiersammeln

Man braucht wieder zwei Mannschaften. Jede Mannschaft hat eine Eierfarbe. Eine gleiche Anzahl von Eiern wird im Abstand von etwa einem Meter, aber auf gleicher Höhe, auf einer großen Wiese ausgelegt. Jedes Kind darf nun ein Ei seiner Farbe holen und ins Nest bringen, aber immer schön nacheinander. Wenn der Vorläufer zurück ist, darf der nächste Sammler erst loslaufen. Welche Gruppe zuerst alle Eier eingesammelt hat, ist Sieger und bekommt ein gegnerisches Ei. Spielte man zu Beginn mit 10 Eiern, hat eine Gruppe jetzt nur noch 9 Eier. Das nächste Spiel beginnt deshalb mit neun Eiern. Das kann ein ewiges Hin und Her werden, die Kinder sind am Abend mit Sicherheit ausgetobt.

Einen Heiligen möchte ich aber auch im April anrufen:

Der Heilige Georg

feiert am 23. April seinen Namenstag. Sein Name kommt aus der griechischen Sprache und bedeutet „Landmann". Er ist bekanntlich der Drachentöter und wird gerne als Reiter hoch zu Ross mit einer Lanze abgebildet. Unter ihm ringelt sich der erlegte Drachen. Er ist Schutzpatron der Soldaten, der Reiter und Wanderer, auch um das Wetter hat er sich zu kümmern, neben all seinen anderen vielfältigen Aufgaben. Ausgewählt habe ich ihn, weil er durch viele Veranstaltungen im April noch heute geehrt wird.

Die Georgsritte ziehen in allen Reitergegenden Jahr für Jahr viele Zuschauer an. In den Dörfern wurden früher die Armen an seinem Ehrentag verköstigt, und was sie nicht aufessen konnten, das durften sie mit nach Hause nehmen. Dazu brachte man sich vorsorglich Gefäße mit, die allgemein „Georgsschüsseln" genannt wurden.

Im Hohenloher Land gibt es einen Ausdruck, der „gorglen" lautet. Hat eine Hausfrau schon allzu oft bei der Nachbarin etwas geborgt, dann sprach man ab dem dritten Mal von gorgeln . Das Wort Georg = etwas umsonst bekommen, ist unüberhörbar darin versteckt.

Nun sind am letzten Tag im April die Hexen los.

Die Walpurgisnacht

ist die Nacht vom 30. April zum 1. Mai. Auf ihren Besen reiten sie durch die Lüfte, begleitet von krächzenden Raben, und nicht selten hockt auf ihren Schultern eine schwarze Katze. Sie ziehen alle zum Blocksberg im Harz. Dort feiern sie, mit dem Teufel natürlich, den Hexensabbat und tanzen mit ihm und einer ganzen Herde von Ziegenböcken.

In dieser Nacht ist der Sage nach alles Böse los. Man kann verzaubert werden. Mädchen, die nach Einbruch der Nacht draußen sind, finden nie einen Mann. Burschen, die sich zu den Stunden dort aufhalten, bekommen schlechte Haushälterinnen zur Frau.

Es heißt, unsere Ur- Urahnen haben auf diesem Berg in der heidnischen Zeit ihre Opfer vollbracht. Nach der Bekehrung zum Christentum war das bei Todesstrafe verboten. Irgendwie konnten sie aber ihre alten Gewohnheiten nicht so einfach ablegen. Sie verkleideten sich deshalb so scheußlich wie möglich, damit alle etwaigen Beobachter vor Schrecken Reißaus nahmen. So konnten sie weiterhin all das tun, was ihnen so wichtig war. Keine Macht der Welt, auch die Kirche nicht, hat es bis heute geschafft, diesen Aberglauben wirklich auszurotten.

Die Hexen

Um den Blocksberg herum ist man darüber gar nicht böse. Viele Besucher der schönen Harzberge werden nicht gehen, ohne den Blocksberg zu besuchen. Und zwar jetzt erst recht, denn zu DDR-Zeiten war dort militärisches Sperrgebiet. Manches gebastelte Hexchen wird als Mitbringsel gekauft und bringt so Verdienst in die Gegend.

Der wetterwendische April hat nun den allerletzten Winterzipfel mitgenommen, und der Wonnemonat kann kommen.

Zeitplan für den April
Themenvorschläge

1. Woche
- Sein Name, sein Wetter, seine Sprüche.
- In den April schicken.
- Alles über das heutige Fasten.

2. Woche
Palmsonntag:
- Die Geschichte aus der Bibel erzählen.
- Palmesel, was musste er tun?
- Wie wurde früher abgewaschen, was kam ins Wasser usw.?
- Palmbuschen, Palmsonntagswasser.
- Gänseblümchen mitbringen und einen Kranz flechten.

3. Woche
Karwoche:
- Alles über das jetzt wirkliche Fasten.
- Der Heilige Georg, Geschichte erzählen.

Gründonnerstag:
- Essen.
- Was darf man alles nicht?
- Abendmahl.
- Biblische Geschichte erzählen.
- Sitten erwähnen „Guteier".
- Ein echtes Gutei mitbringen, Kräutersuppe kochen und versuchen.

Karfreitag:
- Sitten, Gebräuche.
- Was haben die Bewohner/Innen erlebt?
- Keine Glocken, verhängter Altar?
- Fisch essen?

4. Woche
Ostersamstag:
- Putz-, Back- und Kochtag.
- Osternester bauen.
- Sich selbst waschen.
- Eierfärben, wie?

Ostersonntag:
- Kirchgang im neuen Kleid.
- Frühmesse?
- Ostereier suchen.
- Osteressen.
- Osterspiele.

MAI

Der Mai

Der Mai

Der fünfte Monat im Jahreslauf ist der Mai. Seine Zusatzbezeichnung „Wonnemonat" spricht für sich. Früher wurde er auf dem Land gerne Weidemonat genannt, denn ab jetzt ist es draußen so warm, dass alles Vieh die dunklen Ställe verlassen kann. Selbst die Schweine dürfen sich nun draußen suhlen. Den Kühen sieht man die Freude an, sie hüpfen förmlich auf ihre Weiden und springen wie junge Geißböcke.

Man sagt, seinen Namen hat der Mai von der Göttin Maja bekommen. Da diese in grauer Vorzeit für alles Wachstum zuständig war, ist dieser Gedanke gar nicht so abwegig. Christen denken eher, dass zwischen der Heiligen Maria und dem Monatsnamen eine Verbindung zu suchen ist. Wie dem auch sei, er ist der erste wirklich warme Monat, und die Überfülle von Maienliedern besingen diese herrliche Zeit.

Wir brauchen gar nicht bis in graue Vergangenheiten zurückschauen, unsere Großeltern haben noch aufgeatmet, wenn mit dem Mai für Monate die Kälte vorbei war. Sicher, die Eisheiligen, kalte Sophie drohen in diesem Monat noch mit empfindlicher Kühle, aber so schaurige Temperaturen wie in den vergangenen Wintermonaten bieten sie nicht.

Die Kette der Maienfeste ist ellenlang und je nach Landstrich sehr verschieden. Aber ganz vorne an steht:

Der 1. Mai

Er ist in Deutschland schon nach dem ersten Weltkrieg zum „Tag der Arbeit" und gesetzlichen Feiertag bestimmt worden. Jeder freut sich auf ihn, ob man nun dabei den Tag der Arbeit oder einfach nur die kommende schöne Jahreszeit vor Augen hat.

Am Abend vor diesem Tag waren (und sind) die jungen Burschen sehr im Einsatz und das ohne jede Bezahlung! In der Nacht zum ersten Mai stellten sie ihrer Liebsten oder denen, die es erst werden sollten, den

Maibuschen

aufs Dach oder vor die Türe. Schön grün und mit bunten Papierbändern versehen bedeutete das: „Ich liebe dich sehr. Ich mag dich für immer!" War auf einem Mädchenhaus überhaupt nichts, sprach das nicht gerade für die dort wohnenden Töchter.

Wollten Burschen sich aber an einem schnippischen oder eingebildeten Mädchen rächen, bekam das Dach einen alten Besen aufgepflanzt. Das war einfach eine Beleidigung, die kein Mädchen in ihrem Leben je vergaß. Uns ist klar, die Burschen riskierten Einiges, waren doch in dieser Nacht die Hexen unterwegs, Gnome, sogar der Teufel in Person tanzten um die Gebäude und nicht nur auf dem Blocksberg.

Der Aberglaube aus der heidnischen Zeit gilt bis in unsere Tage, auch wir räumen in der Nacht vor dem 1. Mai alles Bewegliche um das Haus herum in den Keller oder Schuppen, sogar die Gartentürchen werden abgeschlossen, damit die Jungen es in der Nacht nicht gar so leicht haben, Schabernack zu treiben. Dennoch in oft schweißtreibender Arbeit hieven sie Gartenbänke auf Garagendächer oder wickeln Autos komplett mit Toilettenpapier ein. So lange es bei solchen Scherzen bleibt, ernten sie nur ein Schmunzeln, und bei den alten Herren im Heim wecken sie die Erinnerung an die eigenen Jugendstreiche in jenen Nächten. Sie spielen die Gnome, sie spielen den alles verkehrt machenden Teufel, wehe, wenn sie von einer Hexe erwischt werden.

Der Maibaum

Jedes Dorf gab und gibt sich noch immer große Mühe mit seinem Maibaum. Gestandene Männer sind dafür verantwortlich, keine Kinder oder Jugendliche. Eine hohe Fichte wird im Wald gefällt, alle Äste werden entfernt und die Rinde abgeschält, nichts bleibt am Stamm, nur ganz oben die Krone grüßt grün wie eine Feder auf dem Hut. Um die Krone hängt gerne ein Kranz, der mit dem Adventskranz viel Ähnlichkeit hat, wird er doch aus dem abgeschlagenen Fichtengeäst geflochten, schön mit Bändern umwunden und geschmückt. Je nach Gegend gesellen sich zu den bunten Bändern eine Unzahl von Ostereiern oder, sogar ganz deftig, Dauerwürste, Brezeln und Maienspeck (das sind extra für diesen Tag geräucherte Kleinspeckstücke, etwa zwei cm breit).

Der Maibaum

Wieder ist der Aberglaube mit von der Partie. Der Stamm wird deshalb so glatt geschält, dass sich nichts zwischen Rinde und Stamm verstecken kann. Dabei geht es nicht um Ungeziefer, nein, die Hexen, die Geister schaffen das auch. In der Walpurgisnacht ist alles möglich! Der Stamm, mit einem blauen Band umwickelt, bekommt in fast allen Gemeinden die Zeichen der Handwerker versinnbildlicht angesteckt. Das können richtige kleine Kunstwerke sein, und der Stolz der Gemeinde ist dementsprechend nicht zu übersehen und berechtigt.

In den Dörfern, in denen der Maibaum mit Naturalien behängt wird, läuft am Festtag ein Geschicklichkeitsklettern der jungen Burschen ab. Ohne Hilfsmittel müssen sie in möglichst kurzer Zeit bis zur Spitze des

Maibaums klettern, ein Band abreißen und mit diesem zurückkehren. Der Spielleiter stoppt bei allen Kletterern die Zeit, und der Schnellste bekommt den ganzen nahrhaften Behang. Anderswo wird die Sitte listig abgeändert. Der ganze Stamm wird mit Schmierseife eingerieben. Wer am weitesten nach oben kommt, ist der Gewinner. In alter Zeit hat der ganze Zuschauerkreis laut gezählt, heute stoppt man vielleicht mit der Uhr, dadurch fehlt dem Kletterer die anspornende Jetztzeit-Ansage. Schade!

Die Vorliebe unserer heutigen jungen Paare, den Bund fürs Leben ausgerechnet im Mai zu schließen, ist bekannt, und hat sicher nicht nur steuerliche Gründe. Der schönste Monat für das schönste Fest des Lebens kann auch ein Grund sein, aber vielleicht spielt ganz tief noch eine uralte Sitte mit.

Das Mailehen

In den Dörfern war es mancherorts üblich, dass im Mai Väter und Gemeinderäte versuchten, schwer vermittelbare Jungfrauen in feste Hände zu bringen. Das war sehr wichtig, da Frauen keinen Beruf erlernten, und falls sie nicht „unter die Haube" kamen, erst den Eltern, dann der Gemeinde auf der Tasche lagen. Gab es aber einen Ehemann und eine Familie, sorgten die Nachkommen für ihre Eltern, auch wenn deren Arbeitskraft erlahmte.

Das Maienlehen fand auf dem Dorfplatz statt. Der Ortsvorsteher hatte alle jungen noch ledigen Mädchen um sich versammelt und stellte ein Mädchen nach dem anderen den unverheirateten Burschen vor. Alle ihre Vorzüge wurden aufgezählt. Was sie an Aussteuer zu erwarten hatte, wie gut sie kochen konnte, und was sie an Land oder Geld mit in die Ehe brachte. Die Burschen durften wählen wie auf einer Versteigerung. Mancher junge Mann hat nochmals scharf nachgedacht oder gerechnet. Dies oder jenes „Angebot" war nicht schlecht. Einen Versuch konnte man ja wagen, denn alles, wozu er sich verpflichtete, war, mit diesem Mädchen in den Mai zu tanzen und, bis „der Garten Früchte trägt", sie zu allen Festen zu begleiten. Hatten sich die Herzen dennoch nicht gefunden, war sein „Lehen" abgelaufen. Sehr oft führte das Maienlehen aber zur Hochzeit, die dann im nächsten Jahr im Mai gefeiert wurde. Man könnte das Maienlehen als einen Vorläufer der Heiratsvermittlungs-Institute bezeichnen. Der zweite Sonntag im Mai ist der

Muttertag.

Es ist kein gewachsenes Fest, es wurde um 1910 herum geschaffen. Eine Amerikanerin soll dafür verantwortlich zeichnen. Die Mütter der ganzen Welt haben es verdient, dass ihnen ein Tag geschenkt wird, wenn auch eine Menge

Mütter es lieber hätten, ihre Kinder fänden Zeit, sich das ganze Jahr hindurch etwas mehr um sie zu kümmern.

Der Mai ist der

Marienmonat.

In der katholischen Kirche gibt es jetzt jeden Abend eine Maiandacht. Für gläubige Katholiken war und ist die Marienverehrung ein Bedürfnis, und in ihrer aktiven Zeit sind katholische Frauen und vor allem die Mütter jeden Abend zur Andacht in die Kirche gegangen. Sie fühlten sich von der Mutter Gottes verstanden, hat diese Frau doch Schweres erlebt und getragen, ganz so, wie sie selbst. Katholische Heimbewohnerinnen haben die Sehnsucht nach diesem Verständnis nicht vergessen, sie können es oft nur nicht (mehr) artikulieren.

Keiner erwartet vom stressgeplagten Pflegepersonal in katholischen Gegenden, dass es für die Bewohner allabendlich eine Andacht halten oder organisieren kann. Es sollte aber möglich sein, mit den Bewohnern eines der schönen Marienlieder zu singen und ein Gebet zu sprechen. Nach dem gemeinsamen Abendbrot ist das fast wie eine Maienandacht.

Die kleinen, fast unscheinbaren Gesten sind es, die vor allem den demenziell erkrankten Menschen Stütze geben.

Heimbewohner-Aussagen dazu:

» Ich bin von Kind an immer in die Maiandacht gegangen. Unser Pfarrer hat sie auch so spät angesetzt, dass wir Weiberleut alle im Stall und der Küche fertig waren. «

» Die Maiandacht war mir immer wichtig, vor allem im Krieg. Mein Mann und meine Buben sind an der Front gewesen. Da war mir das ein großer Trost, wenn ich gewusst habe, Maria hilft uns. «

» In der Maiandacht hat man jeden Abend für ein Stündle mal nur an sich denken können und an sein Heil, alle anderen Gedanken waren weg. Das hat so gut getan. «

Dazu braucht es keine Worte, jeder einfühlsame Leser kann diese Frauen verstehen.

Die Natur ist im Mai in ihrer höchsten Blüte. Einige der Pflanzen, die zum Mai gehören wie der Deckel zum Topf, möchte ich in den Mittelpunkt stellen.

Das Maiglöckchen

Das Maiglöckchen

An einer Ripse hängen viele zarte, weiße Glöckchen mit einem intensiven Duft. Wie ein Schutzschild stehen die dunkelgrünen schwertähnlichen Blätter um die Blüte herum. Auch wer sonst an Seifen oder bei Parfum den Maiglöckchenduft als aufdringlich empfindet, dürfte sich am Duft der kleinen Blümchen aus dem Maien-Wald erfreuen.

Der Waldmeister

Im lichten Wald, wenn das erste saftig frische Grün auf den Bäumen schon etwas Schatten spendet, breitet er sich auf dem Waldboden aus. Ganze Pflanzenteppiche kann er bilden und seine guten Inhaltsstoffe sieht man den unscheinbaren Gewächsen nicht an. Bevor er seine kleinen weißen Blütchen entfaltet, ist der Waldmeister richtig reif zum Pflücken. Reibt man ein Blatt oder einen Stiel zwischen den Fingern, steigt der zarte Waldmeisterduft aus der Pflanze auf.

Heimbewohner erinnern sich:

» Im Maien sind wir immer in den Wald gegangen und haben Maiele (Maiglöckchen) geholt, die haben wir auch auf den Friedhof gebracht, das war schön so nach dem Winter. «

» Unsere Mutter hat uns in der Maienzeit in den Wald geschickt zum Maiglöckchen holen. Immer am Freitag und am Samstag hat die Großmutter die Sträußle auf dem Markt verkauft. «

» Die Sträuße muss man richtig binden, sonst braucht man zuviel Blümle. Ein Blümle und ein Doppelblatt in der Mitte, dann fünf Blümle ringsum, dann nur einzelne Blätter und dann wieder Blümchen. Fertig. Nur noch zusammenbinden mit einem Grashalm. Die Gräser sind jetzt so schön weich und saftig, das geht sehr gut, wenn man das richtige Gras nimmt. «

» Bei mir waren die Maiglöckchen nur im Wohnzimmer, ich habe sie ganz früh auf dem Markt gekauft. Ein Sträußchen hat sich bis zum nächsten Markttag gehalten, und so hatte ich den ganzen Mai durch Maiglöckchen in der Wohnung. «

» Den Waldmeister? Natürlich kenne ich den. Wir haben den im Wald geholt, bevor er blüht, dann haben wir ihn getrocknet und in ganz dünnen Mullsäckchen in den Kleiderschrank gehängt. Den Geruch mögen die Motten nicht und verschwinden. «

» Waldmeister haben wir im Feinkostladen gekauft, immer wenn wir eine Maieinladung hatten und Waldmeisterbowle anbieten wollten. «

» Die Waldmeisterbowle habe ich angesetzt, das ist Männerarbeit. Ich weiß auch heute noch, wie das geht: Man gießt in das Bowlegefäß eine Flasche weißen, nicht zu trockenen Wein und hängt an einen Kochlöffel, den man über das Gefäß legt, einen dicken sauber gewaschenen Büschel Waldmeister, lässt in schön ausziehen. Und wenn der Wein dann richtig nach Waldmeister duftet, holt man ihn heraus und wirft ihn weg. In den Wein kommt dann eine Flasche Champagner. Es kann aber auch ein normaler Sekt sein. «

» Für die Kinder habe ich immer Kinder-Bowle gemacht. Mit einer Flasche Waldmeisterlimonade, die war damals ganz grün, das Sträußchen gut ausziehen lassen, aber Vorsicht, dass es nicht zu lange hängt, sonst schmeckt es herb. Mit Sprudelwasser aufgefüllt, schmeckt die Kinderbowle sehr gut. Meine Kinder kamen sich sehr erwachsen vor, wenn sie das bekommen haben. «

Im Maienwald gibt es aber außer den typischen Maipflanzen noch eine Besonderheit, und die gibt es nur im Mai.

Der Maikäfer

ist jetzt aktiv. Als einer unserer größten Käfer ist er eine Käferschönheit (und ein echter Kinderkäfer) mit seinen warmbraunen Deckflügeln und seinen hauchfeinen Unterflügelchen. Seine weißen Zacken auf den Seiten machen ihn unverwechselbar. Es gibt keinen Bewohner, der Maikäfer nicht kennt:

» Im Mai sind wir immer mit einer leeren Zigarrenkiste in den Wald gezogen. In den Kistendeckel hatten wir Löcher gebohrt und den Boden mit zarten Buchenblättern ausgelegt. Dann haben wir die Buchenäste kräftig geschüttelt. In guten Maikäferjahren sind die Käfer nur so runtergeprasselt. «

» Ja, ja, dann hat man sie aufgelesen und in die Kiste gesteckt. Daheim haben wir sie dann sortiert. In „Bäcker" oder „Müller" oder „Schornsteinfeger". Die haben die Namen bekommen, weil sie entweder vorne am Kopf etwas weiße Härchen hatten oder viele oder ganz schwarz waren. «

» Wenn es sehr viele Maikäfer gab, haben wir sie den Hühnern gegeben. Das durften aber nicht zu viele auf einmal sein, sonst haben die Hühnereier nach Käfern geschmeckt. «

» Wir haben sie Wettrennen machen lassen. Da musste man aber aufpassen, wenn sie angefangen haben zu pumpen, dann schnell wieder in die Kiste, sonst waren sie weggeflogen. «

Den Streich von Max und Moritz hat keiner der Bewohner nachgeahmt. Zu groß war wohl der Respekt vor den jeweiligen Onkeln.

Der Heilige Florian

hat in Süddeutschland gewirkt und dort auch den Tod gefunden. Sein Gedenktag ist der 4. Mai. Er war ein hoher römischer Beamter. In einer Christenverfolgung stand er fest zu seinem Glauben und wurde deshalb in der Enns, einem kleinen Flüsschen in Baden-Württemberg ertränkt. Seinen aufgefundenen Leichnam hat man begraben, dann Kloster und Kirche St. Florian in Lorch darüber errichtet. Er ist der Schutzpatron aller, die mit Wasser, Feuer oder Blitzschlag etwas zu tun haben. Die Feuerwehr feiert an seinem Gedenktag gerne ihre Feste.

„Heiliger St. Florian, verschon mein Haus, zünd's Nachbars an!"
Ein Verschen, das alle Bewohner kennen, auch wenn es nicht wirklich ein Stoßgebet war.

» Am Florianstag muss man die Blitzableiter kontrollieren, die Winterstürme könnten sie ja verbogen haben. «

Tatsächlich ist in vielen Gemeinden durch den Büttel ein Aufruf an alle Hausväter ergangen, ihre Blitzableiter und Feuerschutzvorrichtungen zu überprüfen.

Der Büttel im Dorf

Lange Zeit gab es in kleineren Dörfern keine schriftlichen Gemeindemitteilungen. Das besorgte der Büttel. Meist war es ein Handwerker, z. B. Schneider, der ohne Schaden seine Arbeit unterbrechen konnte. Gab es nun wichtige, alle im Dorf

Der Büttel

betreffende Nachrichten, nahm der Büttel seine Schelle und ging durch das Dorf. An günstigen Plätzen blieb er stehen, schwang seine Glocke, bis sich die Dorfbewohner an den Türen oder Fenster zeigten. Sein erstes Wort war immer: „Bekanntmachung". Damit war die Neuigkeit amtlich und musste ernst genommen werden.

Die Eisheiligen nahen

Vom 12. bis zum 15. Mai sind die Eisheiligen angesagt. Sie bringen noch einmal Kälte und manchmal auch Bodenfrost.

Die Namen der Heiligen sind: Pankratius, Servatius, Bonifatius. Und zum Schluss die Kalte Sophie. Der Heilige Pankratius, der den Reigen eröffnet, soll schon als Junge den Martertod gestorben sein. Der Heilige Servatius war Bischof, der sich heftig gegen vielen Irrglauben zur Wehr setzte, aber einen natürlichen Tod starb. Der Heilige Bonifatius bringt auch noch zusätzlich kalte Winde. Die Heilige Sophia war Römerin, trat zum Christentum über und ist den Märtyrertod gestorben.

Nach den Eisheiligen, die immer die letzte Kältewelle aus dem hohen Norden bringen, ist der Winter endgültig vorbei. Auf den Feldern, in den Gärten werden frostempfindlich Pflanzen jetzt ins Freie gesetzt. Tomaten und Basilikum, die Geranien, Lobelien und ...

Die Kartoffel

Man sollte es nicht glauben, aber sie ist ein empfindliches Pflänzchen und hat draußen auf dem Acker gerne ein warmes Bettchen.

„Setz mich im April
Dann komm ich, wann ich will.
Setz du mich im Mai,
dann komm ich glei."
Ist eine Bauernweisheit, die sicher richtig ist, auch wenn die neuen Züchtungen widerstandsfähigere Eigenschaften haben.

Das Kartoffellegen war eine schwere Arbeit, die den Einsatz der gesamten Familie forderte. Mit dem Pflug, zuerst mit dem Pferd, später mit dem Traktor, bereitete der Bauer die Reihen vor. Die Frauen legten dann per Hand jede einzelne Kartoffel in die Furche und decken sie zu. Hatte man Kinder, war der letzte Arbeitsgang ihnen anvertraut. Bis zur Ernte war das Feld sich nun selbst überlassen, es sei denn, die Kartoffelkäfer suchten es heim.

Kartoffelkäfer

Viele Heimbewohner können dazu etwas sagen:

» In der Schule haben wir oftmals Kartoffelkäfer lesen müssen. An einem Nachmittag erklärte der Lehrer einfach: „So, Kinder, da hat jeder ein Glas oder eine Büchse und jetzt gehen wir aufs Feld vom Bauern Meier und lesen die Kartoffelkäfer von den Pflanzen". Wir hatten im Unterricht gelernt, dass diese kleinen, hübsch gestreiften Käfer unglaublich gefräßig sind. Wenn man sie nicht von jeder Pflanze einzeln absammelt und vernichtet, fressen sie die grünen Teile der Kartoffel total ab, und die Kartoffelpflanze stirbt. «

» Ich habe mich davor fürchterlich geekelt. Ich mochte die Krabbeldinger nicht anfassen. «

» Wir hatten einen Lehrer, der hat denen, die am meisten Käfer hatten, die Schulaufgaben für diesen Tag erlassen. Da haben wir alle gesammelt, was das Zeug hielt. «

In den Gärten wächst jetzt alles zur Freude der Gartenbesitzer. Noch zur Zeit unserer Urgroßmütter war das keine reine Freude oder Liebhaberei, sondern eine dringliche Notwendigkeit. Gemüse und Salat aus dem Garten waren fest eingeplant zur Ernährung der Familie. Alles, was der Garten bot, wurde selbst verbraucht, für den Winter konserviert oder auf dem Markt verkauft. Einen Leerlauf im Garten gab es nicht. Man war froh, wenn die unterschiedlichen Sorten an Gemüse Abwechslung auf den Tisch brachten, denn die normale Grundlage der Ernährung war bescheiden. Brot, Suppen aus Getreide, Brei mit Milch und Körnern waren die Regel, und in vielen Familien war das „Sattwerden" leider keine Selbstverständlichkeit.

„Kartoffelsupp', Kartoffelsupp', die ganze Woch' Kartoffelsupp!" Das war kein Scherz, das war der bittere Ernstfall bei armen Leuten.

Bewohner berichten:

» Wenn im Garten alles so richtig wächst, musste die ganze Familie das Unkraut rupfen. Das Zeug ist immer schneller als die Pflanzen, und die haben dann nicht mehr genug Licht und Nahrung und werden nicht richtig groß. «

Vieles von dem „Unkraut"", man nennt es heute „Wucherkraut", kann man essen. Es wird dem Gourmet in den Feinschmeckerlokalen angeboten und findet auch Anklang.

Giersch

Unermüdlich wuchert sich diese Pflanze durch den Garten und bringt den ordentlichen Hobbygärtner an den Rand seiner Geduld. Frisch und jung sind die Blätter sowohl in der Suppe als auch im Salat würzig und delikat.

Brennnessel

Schon im Mittelalter wurde sie in die Menschennahrung aufgenommen. Ihre frischen Blätter sind vielseitig einsetzbar.

» Wenn es Frühling war, sind wir mit der Mutter in den Wald Brennnesseln pflücken gegangen. Daraus hat die Mutter dann einen Spinat gekocht, der war viel zarter als der vom Garten. «

» Wir haben die Brennnessel nur zu Tee genützt. Brennnesseltee reinigt das Blut und den Darm und alles. «

» Das ist wahr, wir haben mir Brennnesseltee unsere Haare gewaschen, die bekommen einen schönen Glanz davon. «

» Wir haben die Blätter nicht selber gegessen, wir haben sie den Küken und den jungen Gänschen gefüttert, das schmeckt denen und sie werden schnell fedrig (bekommen schnell schöne Federn). «

Löwenzahn

Eine Pflanze, die in großen Mengen auf der Wiese wächst. Wenn sie sich aber mit ihren langen Pfahlwurzeln im Garten breitmacht, ist sie fast nicht mehr auszurotten.

» Löwenzahn schmeckt wie Rauke, nur muss er jung sein. Alte Blätter sind bitter. «

» Aus den Blüten kann man einen Honig machen, mit Zucker einkochen und absieben, der Honig hilft bei Halsweh. «

Da wir kein Rezeptbuch für Wucher- und Wildkräuter anlegen wollen, mögen diese Beiträge der Bewohner genügen.

Im Mai, jedenfalls nach den Eisheiligen, kamen auch die letzten Winterkleider weg. Man musste sie schonen, denn die nächste kalte Jahreszeit kam bestimmt. Jetzt war sie vorbei, und sollte man noch etwas frieren, war das nicht weiter schlimm, irgendwann war wieder Sonnenschein und man konnte sich aufwärmen. Alle Wollsachen wurden gut gelüftet und ausgebürstet, in die Taschen kamen Naftalinkugeln gegen Mottenbefall. Im Schrank wurde diese Garderobe nun ganz nach hinten gehängt, damals nicht viel anders, als wir es heute noch praktizieren.

Kinderspiele im Mai

Endlich war es so warm geworden, dass auch der Erdboden schon angenehme Temperaturen angenommen hatte. Da gab es ein Spiel, dass jede Kindergeneration spielte.

Murmeln oder Schussern

Wer das Glück hatte, spendable Paten zu haben, großzügige Großeltern waren auch nicht schlecht, der hatte auch ein Netz mit Murmeln. Herrliche Kugeln konnten das sein, aus Glas mit bunten Einlagen oder nur einfarbige aus gebranntem Ton.

» Ich hatte drei Brüder und war das einige Mädle und auch noch die Jüngste. Da hatte ich immer zu kämpfen, dass die Buben nicht „Hugoles" (Übervorteilen, nicht ernst nehmen) mit mir gemacht haben. Jeder von uns hatte einen Schussersack. Meiner wurde immer leerer. Sie haben aber immer nur einen Schusser rausgenommen, damit ich es nicht merken sollte. Aber da haben sie sich getäuscht. Ich bin zum Großvater und der hat gesagt: „Wenn ihr alle drei ein gutes Gewissen habt, dann könnt ihr ja die Säckchen tauschen. Die Frieda kriegt den Sack vom Ältesten und die Beiden anderen tauschen auch." Da hatte das aufgehört. «

Ein alter Herr berichtet aus seinen sehr bescheidenen Kindertagen:

» Ich war der Weltmeister im Schussermachen. Geld, um fertige Schusser zu kaufen, gab es bei uns nie. Im Wald wusste ich eine Stelle, da gab es sehr guten Lehm. Da habe ich mir einen Batzen geholt und ihn zu Hause mit ganz wenig Melkfett verknetet. Dann hab ich lauter lange Würste gedreht und diese wieder in kleine, genau gleiche Teile zerschnitten. Aus jedem Teil wird dann eine Kugel geformt und fertig. Wenn es schön warm ist, kann man Schusser trocknen, aber nie in der Sonne, sonst platzen sie auf und rollen nicht richtig. Färben kann man sie auch. Mit dem Saft von roten Rüben oder mit Ruß vom Ofen, das andere hab ich vergessen. «

Purzelbaum schießen

Welches Kind hat sich diesen Sommerspaß entgehen lassen? Purzelbäume konnte man aber auch an Stangen aus Holz, Schutzgittern vor Bächen und auf der Teppichstange üben.

» Wenn man an der Stange hing, mit dem Kopf nach unten, das war ein herrliches Gefühl, fast so wie auf dem Volksfest in der Schaukel. «

» Eine Schaukel hatten wir auch im Garten. Am Apfelbaum hatte der Vater zwei Seile angebunden und unten ein Brett reingepasst. Schaukeln war schön! «

» Für mich war das Schönste, wenn der Boden im Mai warm war und man eine Decke ausbreiten konnte und dort mit dem Puppenwagen und den Puppen Familie spielen konnte. Dann war jeden Sonntag Sommerfest. «

Ein Fest dürfen wir aber nicht vergessen:

Christi Himmelfahrt

Es ist ein Feiertag, der immer vierzig Tage nach Ostern stattfindet. Es ist regelmäßig ein Donnerstag. Christen feiern ihn zum Gedenken an die Aufnahme ihres Herrn „zur Rechten Gottes". An diesem Tag, hat man früher geglaubt, ist das Himmelstor weit aufgegangen. Nicht nur dass Jesus dort Aufnahme gefunden hat, auch viel Segen und Gutes kam durch die Öffnung herunter. Das hat man in den Kirchen sogar bildlich dargestellt.

Auch der schönste Mai geht zu Ende. Der Abschied von diesem Wonnemonat fällt nicht schwer, steht doch schon der warme, sonnige Juni vor der Türe.

Zeitplan für den Mai
Themenvorschläge

1. Woche
- Der Monat Mai, sein Name, was bringt er?

1. Mai:
- Sitten und Gebräuche.
- Maien, Maienbuschen.
- Maibaum.
- Maitanz.
- Winterkleider weg. Wie wurde das gemacht?

2. Woche
- Muttertag.
- Blumen im Mai.
- Maienlieder.
- Maienandacht.
- Waldmeister und Bowle machen.

3. Woche

Die Eisheiligen:
- Ihre Geschichten erzählen oder erfragen.
- Was darf jetzt in den Garten oder ans Fenster?
- Kartoffeln legen.

4. Woche

Kinderspiele:
- Murmeln.
- Purzelbaum.
- Schaukeln.

- Maikäfer.
- Kartoffelkäfer.
- Unkräuter und was sie bedeuteten für die Familien.

JUNI

Der Juni

Der Juni

Seinen Namen hat er von der Göttin Juno bekommen, er wird gerne der Rosenmonat genannt. Die Bauern nannten ihn auch den Brachmond, denn in der alten Drei-Felder-Wirtschaft wurde der Boden des Brachfeldes zum ersten Mal wieder bearbeitet.

In den Gärten reifen die ersten Beeren, allen voran die frühen Sorten der Erdbeere. Darüber freuten sich vor allen die Hausmütter, stand doch das Pfingstfest vor der Türe und ein frischer Erdbeerkuchen für den Pfingstbesuch war eine Köstlichkeit, die jedem schmeckte.

Pfingsten

Goethe: „Pfingsten, das liebliche Fest war gekommen ..." Das stammt aus „Reineke Fuchs", eine wunderschöne, abwechslungsreiche Lektüre fürs Heim.

Das Wort stammt von den Römern, die es wohl von den alten Griechen übernommen haben. „Pentecostes" bedeutet „der fünfzigste Tag" und fünfzig Tage nach Ostern ist Pfingsten. Dieses hohe kirchliche Fest feiert die Ausgießung des Heiligen Geistes über die Apostel und über alle Christen. Das Symbol für dieses Fest ist die Taube.

Unsere Italienerin im Heim weiß das auch genau:

» Bei uns in Italien gibt es zu Pfingsten ein Gebäck aus Hefeteig. Das ist mit groben Zucker bestreut und in Form einer Taube gebacken. Es heißt auch Colomba = Taube. «

Pfingsten ist ein großes Fest mit zwei Feiertagen. Die Kirchen legten früher großen Wert darauf, dass der erste Feiertag, der Pfingstsonntag, nur für die Kirche, den Gottesdienst und die innere Einkehr reserviert wurde. Am zweiten Feiertag durfte man fröhlich sein und feiern im weltlichen Sinn. Bis zum heutigen Tag finden deshalb viele Vergnügungen an diesem Tag statt. Da gibt es, landschaftlich fest verankert, Reiterspiele, Reitturnier und richtige Frühlingsfeste mit Karussell und Schießbuden.

Pfingsten ist ein Fest der Tafelfreuden in überreichlichem Maß. Alles, was die Küche bieten kann, wird aufgetischt. Man sagt, diese Völlerei ist in Bayern entstanden, denn nach Pfingsten ist **Almauftrieb**. Die Herden verlassen die Täler und ziehen mit ihren Sennern auf die Alm. Da war es nur recht und billig, dass am Tag davor von der Bäuerin noch ein gutes Essen geboten wurde. Für den Rest des Sommers werden sie nur von dem leben, was dort oben zu haben ist und vielleicht etwas frisches Gemüse von dem einen oder anderen Gang ins Tal, um Käse abzuliefern.

Die Brauerein brauen für das Pfingstfest ein extra starkes Bier,

Pfingstbier oder Pfingstbock

genannt. Bierkenner und Bierliebhaber unter den Bewohnern kommen ins Schwärmen:

» Wir haben von unserem Meister immer das Geld für ein Maß Pfingstbier bekommen. «

» Da hattet ihr es gut. Die Schreinerei, in der ich gearbeitet habe, hat uns allen Gesellen nur ein Maß am Dienstag gestiftet, da hat jeder nur einen Schluck bekommen. «

Wollte man ein Fest richtig feiern, gehörte der Tanz dazu.

Pfingsttanz

gibt es noch heute genauso wie den **Maientanz**. Die alten heidnischen Wurzeln sind noch zu ahnen. Man stampfte, wirbelte im Kreis und stieß immer mal einen lauten Juchzer aus. Alles Möglichkeiten, um die lauernden, bösen Geister zu erschrecken, zu verjagen und ihnen durch die Kreisform ein Eindringen in die Mitte unmöglich zu machen.

Großmütter haben das „im Kreis gehen" noch praktiziert:

» Am Pfingstsonntag muss man ganz früh morgens einen Eimer Wasser aus dem Bach schöpfen, sich das Gesicht damit waschen, dann drei Mal ums Haus gehen und alles verspritzen. Es darf kein Tröpfchen mehr im Eimer sein, dann bleibt man gesund und schön. «

Sicher sind die Geister wasserscheu und halten nichts von einer Gesichtswäsche.

Der Pfingsttanz

» Am Pfingstsonntag geht man dreimal in die Kirche. Zur Frühmesse, zum Gottesdienst am Morgen und am Abend zur Abendandacht. Das gehört sich so. «

Eine Blume, die in ihrem Namen das Wort Pfingsten trägt, dürfen wir in diesem Monat nicht unerwähnt lassen.

Die Pfingstrose

Sie blüht um diese Zeit, duftet zart und mit ihren großen roten oder weißen Blüten ist sie prachtvoll anzusehen.

Die Rosen, nach denen der Monat auch genannt wird, überbieten sich jetzt mit ihrer Blütenfülle. Es gibt heute unzählige Sorten und Farben. Die dicken alten Bauernrosen sind und bleiben einmalig schön in Farbe, Form und Duft. Auch die traditionellen Stockrosen, typisch für jeden echten Bauerngarten, dürfen nicht vergessen werden.

Am Sonntag nach Pfingsten wird das

Dreifaltigkeitsfest

in der Kirchensprache „Trinitatis" gefeiert. Die göttliche Dreifaltigkeit, also Gottvater, der Sohn Jesus Christus und der Heilige Geist werden in den Mittelpunkt gestellt und als Einheit verehrt. Es ist ein Fest der Familien geworden, die mit gutem Essen und Freude am Sommer die Festlichkeit begehen, in ihr Leben aufnehmen und auf ihre eigenen Weisen begehen.

Noch ein großes kirchliches Fest steht an.

Fronleichnam

Man könnte es mit „Leib des Herrn" übersetzen, erinnern soll es uns nochmals an das letzte Abendmahl, das Jesus mit seinen Jüngern halten konnte. In katholischen Gegenden werden die Wege, über die der Priester in der Prozession das Allerheiligste trägt, mit einem Blumenteppich ausgelegt. Die Prozession schreitet, oft von Musikkapellen begleitet, vier Altäre ab, die an der Strecke aufgebaut wurden. Diese sind mit ihrem Blütenschmuck ein herrlicher Anblick. Wunderschöne Ornamente aus Blütenköpfen entstehen auf Straßen und Plätzen, und viele Menschen aus nah und fern reisen in die dafür bekannten Orte, um sich diese Pracht anzuschauen.

In den Kirchen wird um diese Zeit auch gerne die

Kräuterweihe

durchgeführt. Kräuter sind seit uralten Zeiten die Apotheke Gottes. Ihre heilende Wirkung war bekannt und ein Kräuterweiblein, einen Kräuterdoktor gab es in jedem Dorf oder Städtchen. Bis heute gibt es keinen Bauerngarten, der nicht über eine Kräuterecke verfügt.

Für die Kräuterweihe pflücken Mädchen und Frauen im Garten oder auf dem Feld von allen ihnen lieb gewordenen Kräutern drei Pflanzen, binden sie zu einem Strauss und bringen diesen mit zum Gottesdienst. Oft entwickelt sich ein wahrer Ehrgeiz, wer wohl den schönsten Strauß gebunden hat. Alle Heilkräuter, über die der Garten in dieser Jahreszeit so üppig verfügt, sind eingebunden, werden vom Priester geweiht und zu Hause dann zum Trocknen aufgehängt. Das war im arbeitsreichen Sommerjahr, im kalten und nassen Winterjahr sehr praktisch. Denn gab es in der Familie ein plötzliches Unwohlsein, im Kräuterbüschel war stets ein Pflänzchen, das der liebe Gott exakt dafür hatte wachsen lassen.

Am 24. Juni ist der Tag des

Heiligen Johannes.

Die Kirche hat diesen Tag als seinen Geburtstag festgelegt. Johannes der Täufer wird an diesem Tag verehrt und mit ihm alles, was mit Wasser zu tun hat. Sein Leben und seine Geschichte muss an dieser Stelle nicht berichtet werden. In jedem Religionsunterricht wird sie vermittelt. Beachtenswert ist dieser Tag hier, weil er ein uralter Gedenktag ist, denn der Sommer steht genau in seiner Mitte.

Es ist Mittsommer.

In den nordischen Ländern, wie z. B. Schweden, ist das ein großes Ereignis, wissen die Menschen doch, dass man die hellen Tage und Nächte gut nützen muss, denn ab jetzt wird es langsam wieder dunkler. Vom Höchststand der Sonne haben sich unsere Vorfahren auch beeindrucken lassen. Sie glaubten, dass die Sonne mit dem höchsten Stand auch die höchste Macht besaß und damit sind wir wieder in der Aberglaubensecke. Heute noch brennen in der Johannisnacht die **Johannisfeuer**, über die junge Leute springen müssen. Früher glaubte man fest daran, dass damit alles Unheil überwunden wäre.

In der **Johannisnacht** sind in den Wäldern die Zauberwesen, wie Gnome, Elfen und Zwerge, unterwegs und zwar die Guten und die Bösen. Besonderen Menschen ist es sogar möglich, in dieser Nacht mit den Tieren zu sprechen oder verborgene Schätze zu finden. Dem kann man auch etwas nachhelfen.

Das Johannisfeuer

Um den Johannistag herum kann man die Leuchtkäferchen sehen. In der Dunkelheit leuchten sie, reglos im Gras oder an einem Stein sitzend, mit ihrem phosphoreszierenden Hinterleib wie ein kleines glühendes Kohlestückchen im Gras. In der Nacht vor Johanni muss man solche Würmchen suchen und zählen. Wenn man soviel Glühwürmchen wie die Anzahl seiner eigenen Lebensjahre entdeckt hat, dann wird man in diesem Jahr noch einen Schatz finden.

Oder eine andere Möglichkeit: Das Wasser am Johannistag ist ab der Mitternacht auch mit Zauberkräften versehen. Man muss sich damit waschen, man muss es trinken und alle wichtigen Dinge damit besprühen, dann bleibt man gesund, wird wohlhabend oder sogar schön. Selbstverständlich haben sich die jungen Mädchen diese Gelegenheit nicht entgehen lassen.

Ein Kraut gehört, wie schon sein Name sagt, unabdingbar zum Johannistag,

das Johanniskraut.

Es blüht gern an trockenen, mageren Waldrändern oder Wegen. Seine goldgelben, kleinen sternartigen Blüten sind sehr heilkräftig. Sie helfen bei vielen Leiden.

Zur Beruhigung der Nerven dient Tee aus den getrockneten Blüten. Frisch gepflückt und in Öl angesetzt, erhält man ein wirksames Einreibemittel bei Schmerzen in Muskeln oder Gelenken. Alkohol zieht aus den gelben Sternchen ebenfalls die Heilkraft heraus, und kein Hexenschuss kann einer Einreibung mit diesem Schnaps widerstehen.

Jeweilige Farbveränderungen haben sicherlich, rein psychologisch betrachtet, in alten Zeiten sehr beeindruckt. Reibt man nämlich die gelben Blüten gleich nach dem Abbrechen zwischen den Fingern, verfärbt sich die Haut an der Stelle rot. Steht das Öl oder der Alkohol einige Tage mit dem Blütensatz in Ruhe an einem warmen Ort im Sonnenlicht, wird das vormals helle Öl oder der klare Schnaps tiefrot.

Ein Heimbewohner berichtet:

» Meine Großmutter hatte immer auf ihrem Nachtkästchen ein Fläschchen mit dem Schnaps stehen. Immer vor dem Schlafen hat sie sich ein Schlückchen genehmigt. Geschlafen hat sie wie ein Bär und geschnarcht hat sie, dass die Lampe gezittert hat. «

Eine Dame wirft ein:

» Meine Mutter hatte das Öl in der Küche im Schrank, wenn einem etwas weh tat, wurde er damit erst mal eingerieben, dann sah man weiter. «

Am 29. Juni ist das Fest von

Peter und Paul.

Der Heilige Petrus, der Fischer Petrus, lebte mit seiner Familie in Kafarnau, wie es richtig heißt, als Jesus ihn und seinen Bruder Andreas zu seinen Jüngern berief. In der Bibel können wir nachlesen, wie viel Petrus in der Zeit mit seinem Meister erlebt hat. Er beendete sein Leben als Märtyrer in Rom zur Regentschaft des schrecklichen Kaiser Nero. In Rom liegt er begraben, und jeder kennt den Petersdom.

Petrus wird abgebildet mit Schlüssel und Buch, mit Hahn oder Fisch. Er ist Schutzpatron der Fischer, Fischhändler und auch derer, die Menschen fischen. Bewahren soll er alle vor Leiden und Ungemach. Fieber, Schlangenbisse oder Tollwut kann er verhindern.

Der Heilige Paulus,

der ein Saulus war. Auch diese Geschichte wird in der Bibel sehr ausführlich berichtet. Er war ein studierter Mann, strenggläubiger Jude, der aber von seinem Vater das römische Bürgerrecht geerbt hatte. Mit dem neuen Glauben der Christen hatte er Probleme, wie wir alle aus dem Religionsunterricht wissen. Wir wissen auch von seiner Bekehrung. Ohne Gnade wurde er zu Kaiser Neros Zeiten hingerichtet. Dargestellt wird er mit Buch und Schwert. Er ist Schutzpatron der Weber, aber neben vielen anderen Berufsgruppen nimmt er sich auch der Arbeiterinnen an, der Seelsorger und Theologen. Schützen soll er vor Hagel, und die Vorsorge der Felder ist ihm auch auferlegt.

Ein Heimbewohner erzählt:

» Ich komme aus einer Kirschengegend, bei uns heißt es: Peter und Paul schlagen sich Kirschen ums Maul. «

Die Kirschen sind reif, die Amseln wissen es schon lange, denn sie holen sich die schönsten und zuerst reifen, die ganz weit oben hängen. Kirschen pflücken ist eine schwere und gefährliche Aufgabe, es war immer Männersache. Die Frauen verarbeiteten sie weiter, wenn die Ernte nicht auf den Märkten der Städte verkauft wurden. Die Süßkirsche wird besonders gerne eingeweckt. Das wurde in Stadt und Land gemacht, denn in den Wintermonaten waren sie zur Ergänzung des Speisezettels hochwillkommen. Durch ihre feste Haut behält sie gut ihre Form, wenn auch die Farbe beim Sterilisieren etwas leidet.

Heimbewohnerinnen gehen in Gedanken zurück in ihre Küchen. Es entwickelt sich reihum eine Unterhaltung, die ich einfach nacherzähle:

Die Kirschpflücker

» Zuerst muss man den Einmachkessel vom Dachboden holen und auswaschen. Am Besten stellt man ihn dann in die Sonne zum Trocknen. «

» Die Kirschen hat man gut gewaschen und abtropfen lassen, alle schlechten oder aufgeplatzten werden ausgelesen. «

» Die Gläser und Gläserdeckel müssen ganz sein, kein Sprung und keine Scharte darf da zu sehen sein. «

» Natürlich werden sie erst in einem Sodawasser sehr heiß gespült, dann ordentlich ausgeschwenkt und zum Trocknen umgekehrt auf ein blitzsauberes Küchenhandtuch gestellt. «

» Wichtig sind die Gummi, die zwischen Glas und Deckel gehören, die müssen genau passen und dürfen nicht mürbe oder ausgeleiert sein. «

» Ich habe sie immer ausgekocht, dann waren sie sauber. «

» Die Kirschen muss man ganz fest ins Glas rein drücken, dazu gab es früher sogar einen Obststempler. «

» Dann muss man sie sofort mit gekochtem Zuckerwasser übergießen, aber nicht ganz auffüllen, sonst steigt das heiße Wasser beim Sterilisieren und der Deckel hält nicht. Oben sollen immer zwei bis drei Finger breit frei sein. «

» Jetzt muss man den Gummiring auflegen, den Deckel gut einpassen und mit einer Klammer festhalten. «

» Es gab ganz verschiedene Klammern, ich habe die am liebsten genommen, die links und rechts einen Schnapper (Federbügel) hatten. «

» Wenn man alles in gleichgroße Gläser gefüllt hat, war das am besten, dann konnte man jetzt fünf oder sechs Gläser auf einmal in den Sterilisiertopf stellen. «

» Im Topf war ein Einsatz, der hatte in der Mitte einen Stamm aus Blech, da stellte man die Gläser außen herum, füllte Wasser auf, zweifingerbreit unter den Glasrand, aber es musste auch so heiß sein wie das Wasser in den Gläsern. «

» Dann kam der Deckel drauf, der hat oben ein Loch, da hat man das Thermometer eingesetzt. Auf dem langen Thermometer standen die Hitzegrade drauf und auch die Obstsorten. Wenn nun der rote Strich auf der richtigen Höhe war, musste man nur im Kochbuch nachschauen, wie lange die Kirschen brauchen, um fertig zu sein. «

» Dann zog man den Topf ganz vorsichtig vom Feuer und lies alles erkalten, nahm Deckel und Thermometer ab und hob die Gläser heraus. «

» Ganz vorsichtig hat man dann, am anderen Morgen meistens, die Klammern gelöst und geschaut, ob alle Gläser dicht geschlossen waren. Dann war man froh. «

» Manchmal ist so ein verflixtes Glas aber nicht zu gewesen, der Deckel lag einfach lose drauf. Da hat man sich fürchterlich geärgert, erst mal, weil die ganze Arbeit umsonst war, und zum anderen, weil man schlecht ein zweites mal dieses Glas einkochen konnte, die Früchte wären farblos und matschig geworden. «

» Aber immer war man selbst schuld. Irgendetwas war nicht gut sauber gewesen, oft war es nur ein Körnchen Zucker auf dem Deckelrand, oder am Gummi hing eine Fussel. «

Es war mir wichtig, diesen Einmach-Report so ausführlich zu schildern. Junge Leute, für die eine Gefriertruhe zum Leben gehört, können daran ablesen, wie arbeitsaufwendig damals ein Hausfrauentag in der Einmachzeit ablief. Ich möchte wiederholen: Einmachen war Hausfrauenpflicht in Stadt und Land, es gab keine Alternativen. Und so gut Kirschmarmelade auch schmeckt, jede einzelne Kirsche musste in die Hand genommen und entkernt werden. Es dauerte lange, bis die ersten Entsteiner auf den Markt kamen, und bis zum heutigen Tag arbeitet keiner von ihnen so perfekt wie eine Hausfrauenhand.

Zeitplan für den Juni
Themenvorschläge

1. Woche
- Pfingsten, was bedeutet das Wort?
- Wie wird gefeiert?
- Die Pfingstrose.
- Almauftrieb.

2. Woche
Pfingstfeste:
- Reiter und Fahrvereine machen Vorführungen und Spiele.
- Dreifaltigkeitsfest, wann, was wird gefeiert?

- Was arbeitet der Landwirt?
- Heuernte damals und heute.
- Die Gartenarbeit und das Unkraut, das keines ist.

3. Woche
Fronleichnam:
- Fest der Kirche.
- Prozessionen, Blumenteppiche.

4. Woche
- Johannistag,
- Mittsommer,
- Johannisfeuer,
- Johanniskraut.
- Peter und Paul.
- Kirschen eindünsten.

JULI

Der Juli

Der Juli

Der siebte Monat im Jahr ist nach Kaiser Julius Cäsar benannt. Sein großes Verdienst ist, dass er den Kalender reformierte. Der Juli wird auch Heumonat genannt, weil in vielen höher gelegenen Gegenden erst jetzt das Heu für den Winter gemacht werden kann. Mancherorts wurde er auch Honigmonat geheißen, denn die Bienen sind nun besonders fleißig.

Der erste kirchliche Feiertag ist

Mariä Heimsuchung

An diesem Tag soll Maria ihre Base Elisabeth besucht haben, die später die Mutter von Johannes dem Täufer wurde. Beide Frauen waren gesegnet, schwanger, und beide hatten sich wohl, ganz menschlich, viel zu erzählen. Mit diesem Tag begann die Erdbeerernte.

Dazu gibt es eine Legende, die eine Bewohnerin erzählte:

» Die Gottesmutter war auf dem langen Weg zu ihrer Base sehr hungrig geworden, hatte aber nichts dabei. Am Waldrand waren die Erdbeeren gerade reif, die pflückte sie ab und aß sich daran satt. Die Beeren machten sie so kräftig, dass sie frisch und munter bei der Base Elisabeth eintraf. «

Noch heute, am Tag Mariä Verkündigung, kommt Maria zur Erde, pflückt Erdbeeren am Waldesrand und nimmt sie mit in den Himmel. Dort verteilt sie die Früchte an die kleinen Engelchen, denn das sind alles die verstorbenen kleinen Kinder, die nun auf der Erde nicht mehr zum Erdbeerenpflücken geschickt werden können.

Nicht nur die gezüchteten **Erdbeeren** wurden verarbeitet. Das besondere Aroma der Walderdbeeren schmeckte man schon immer und ließ es sich nicht entgehen. Vor allem die kleineren Kinder wurden zum Beerenpflücken ausgeschickt. Sie mussten sich wegen ihrer geringen Größe nicht soweit bücken, und in der Heuernte waren sie noch wenig zu gebrauchen. Mit Milchkannen ausgerüstet, trollten sie sich in kleinen Gruppen in den Wald, kamen am Abend mit voller Kanne und sehr müde wieder zu Hause an. Beides war den Erwachsenen gerade recht.

Im Juli muss im Garten besonders viel geerntet werden. Alle Beeren haben sich scheinbar vorgenommen, den Hausfrauen keine freie Minute zu gönnen.

Die Beerenernte

Die **Himbeeren** mit ihrem unvergleichlichen Aroma folgen den Erdbeeren auf dem Fuß. Zur gleichen Zeit müssen die **Johannisbeeren** verarbeitet werden. Und die **Stachelbeeren** sollten auch in die Gläser.

Wie heißt es so treffend?
„Die Bäuerin, die Mägde, sie dürfen nicht ruh'n!"

Heimbewohner berichten von dieser arbeitsreichen Einmachzeit:

» Aus den Träubele (Johannisbeeren) haben wir immer Saft gemacht, wenn es viele Früchte gegeben hat auch aus den Himbeeren. Damals haben wir noch keinen Entsafter gehabt, da hat man mit dem Küchenhocker einen Entsafter gebaut. «

» Die Johannisbeeren wurden gewaschen und abgezupft. Dann wurden sie durch den ganz, ganz sauberen Fleischwolf gedreht und mit einer kleinen Portion Wasser aufgekocht. «

» Einen Küchenhocker hat man umgekehrt auf den Tisch gestellt und zwischen seine vier Beine ein Tuch angebunden, um jedes Bein einen Zipfel. Das Tuch musste ein klein wenig durchhängen, denn in die Kuhle wurden jetzt die gut gekochten Johannisbeeren geschüttet. «

» Aus dem Saft, der unten zum Tuch herauskam, machte man vor allem Gelee.
Wenn es sehr viele Johannisbeeren gab, wurde er in Flaschen gefüllt und sterilisiert. «

Eine andere Hausfrau berichtet:

» Ich habe am Anfang meiner Ehe auch noch keinen Entsafter gehabt. Ich hab mir einen gebaut. Viele Jahre hab ich das so gemacht. In den großen Einmachtopf wird ein kleinerer Topf hineingestellt. Sauber muss der sein, das ist klar. Außen an die Henkel des Einmachkessels knüpft man ein Tuch und zwar zwei Zipfel an die Henkel und zwei muss man erst mal mit ein paar Wäscheklammern festklammern. Dann füllt man das Obst ein, das auch im Fleischwolf zerkleinert wurde. Jetzt muss unten, zwischen dem Kessel und dem Safttopf, noch Wasser zum Verdampfen hinein geschüttet und der Deckel aufgelegt werden. Die beiden Zipfel, die nur festgeklammert waren, schlingt man nun durch den Deckelgriff und macht einen Knoten. Ein schönes Feuer unter den so gebauten Entsafter, und man riecht sogar, wie der Saft herausquillt. «

Marmelade kochen

Vor noch gar nicht langer Zeit war das Marmeladekochen eine richtige Arbeit. Mit den neuen Hilfsmitteln, dem Einmachzucker, dem Geliersubstanzen in der richtigen Dosis schon beigemengt sind, ist es heute dagegen eine Feierabendbeschäftigung.

Wieder ein Bericht, voller Eifer, aus mehreren Kehlen:

» Also, zuerst muss man die Gläser holen, meist hat man die ja im Keller. Alle Gläser kann man nehmen, aber am Schönsten sieht es aus, wenn man lauter gleiche sammelt. «

» In der Küche werden sie zuerst in einem schön heißen Sodawasser kräftig gespült und in klarem Wasser nachgewaschen. Dann muss man sie umgekehrt auf ein sauberes Handtuch stülpen und ganz austrocknen lassen. Wenn man sie abtrocknet, kann vielleicht ein Fussel vom Handtuch hängen bleiben. «

» Die Gläser lässt man einfach so umgedreht in der Ecke stehen und macht sich an die Beeren. «

» Schöne, frische Erdbeeren werden verlesen und alle schlechten aussortiert. «

» Die übrigen muss man schnell waschen, nicht so lange im Wasser lassen, sonst verlieren sie an Geschmack. Erst jetzt werden ihre grünen Zipfelblättchen abgezupft, denn sonst laugen sie im Wasser aus. Wenn sie sauber und gut abgetropft sind, muss man sie verquetschen mit dem Zucker, Pfund auf Pfund mischen und in den Topf geben. «

» Es dauert nicht lange, dann kocht der Brei, und dabei muss man immer rühren, rühren, rühren, aber nicht nur so ein paar Minuten wie heutzutage, sondern ausdauernd solange, bis die Gelierprobe gezeigt hat, dass es reicht. «

» Dazu muss man mit dem Rührlöffel einen Tropfen von dem Kochgut auf ein Tellerchen geben, bis fünf zählen und dann den Teller ganz schief halten. Wenn der Tropfen dann einfach hängen bleibt und nicht verläuft, dann ist es gut, dann kann man die Marmelade in die Gläser füllen. «

» Die Gläser soll man in einen flachen großen Topf mit heißem Wasser stellen, denn sonst zerspringen sie, wenn so kochendheiße Marmelade eingefüllt wird. «

» Man kann auch einen Silberlöffel, aber einen echten, keinen versilberten, in das Glas stellen, dann wird die Hitze abgeleitet. «

» Wenn die Marmelade im Glas ist, muss man sie zuerst mit einem kreisrunden Stückchen Papier abdecken und darauf Salicylpulver streuen. Dann schimmelt es nicht. «

» Jetzt schneidet man aus Pergament-Papier schöne runde Kreise aus, spannt sie über die noch heiße Marmelade und bindet sie zu. «

» Dazu kann man am besten einen Bindfaden nehmen. Schön mit einem Schleifchen gebunden kann man diesen wieder verwenden, und es sieht viel schöner aus als so ein Gummiring. «

Selbst vom Aufschreiben bin ich schon müde geworden. Ich kann über die damalige Leistung dieser Frauen nur den Hut ziehen.

Der Bauer hatte anderes, aber nicht weniger zu tun. Bei ihm und der gesamten bäuerlichen Familie ist Hochbetrieb.

Das Heu

muss geschnitten werden. Als diese Arbeit noch mit der Sense erledigt wurde, war der Mäher mit Sonnenaufgang auf seiner Wiese. Schon vor längerer Zeit konnten dann Mähmaschinen die schwere Arbeit übernehmen. Alles Übrige, das Ausbreiten, Wenden, Reihen und Häufeln war Handarbeit. Mit den typischen Sicheln, Rechen und Heugabeln wurde diese Arbeit bewältigt, und dabei brauchte man die Unterstützung aller Frauen und großen Kinder.

Das Beladen eines Heuwagens war Chefsache. Vorsichtig und gleichmäßig wurde angereicht (nicht ganz ungefährlich wegen der langen, spitzen Zinken), immer eine volle Gabel. Oben auf dem Wagen stand der Bauer und packte so sorgsam, wie heute das Möbelpacker mit dem Umzugsgut tun, jeden Büschel an den richtigen Platz. War ein Wagen schlecht geladen, wurde die Heimfahrt in die Scheune gefährlich. Jede Kurve konnte das Gefährt umstürzen lassen.

Eine Bewohnerin, eine Frau aus der Stadt, berichtet:

Die Heumäher

» Wir haben früher öfter mal, als wir noch Kinder waren, Sommerfrische (Urlaub) auf einem Bauernhof gemacht. Jeden Tag sind wir mit zum Heumachen gefahren, obwohl wir sicher keine große Hilfe waren. Zwei herrliche Erlebnisse werde ich nie vergessen: Einmal das Vesper unter einem alten, krummen Mostbirnenbaum. Da gab es für jeden ein Stück Brot und eine dicke Scheibe Speck. Der Pfefferminztee aus dem Garten der Bäuerin, hmmm, so guten habe ich nie wieder getrunken. Die ganze Familie saß so friedlich und entspannt da, das Bild will mir nicht aus dem Kopf. Das zweite Erlebnis ist gleichermaßen fest in mir drinnen. Die Heimfahrt durften wir Stadtkinder auf dem hoch beladenen Heuwagen machen. Oben drüber lag der Heubaum. Über seine Enden wurde vorne und hinten ein dicker Strick gezogen und unten am Wagen festgezurrt. Nun hatte alles seinen Halt. Obendrauf, mit der Anweisung, uns am Heubaum gut festzuhalten, schwankte das Gefährt von zwei Ochsen gezogen ins Dorf zurück. Das waren ein Duft und ein Gefühl! Ich kam mir vor wie ein Großgrundbesitzer. «

Eine andere Frau berichtet:

» Das hatte ich schon fast vergessen, wir hatten mal eine Familie von Hamburg zu Gast. Die brachten zwei ganz magere und blasse Kinder mit. Das Mädchen wollte unbedingt im Heu schlafen, und meine Mutter meinte: „Komm, Gretel, tue ihr doch den Gefallen!" Also ging es am Abend ins Heu. Die Nacht wird sie ihr Lebtag nicht vergessen haben, ich glaube, sie hat keine Minute geschlafen. Morgens war sie krebsrot und total verkratzt vom Heu, ihr Häutchen war ein Stadthäutchen und sehr empfindlich. Mir hat das nichts ausgemacht, ich habe gut geschlafen. «

Ein weiteres Heu-Erlebnis von einem alten Herrn, Bauernsohn, hat aber immer in der Stadt gelebt:

» Wir Buben haben gerne, wenn der Heuboden noch nicht ganz voll war, am Abend Heuhüpfen gespielt. Man musste sich auf den obersten Balken stellen und dann wurde ausgemacht, wie nach dem Sprung die Landung aussehen sollte. Entweder musste man gerade ankommen, gekrümmt, mit dem Kopf nach hinten und so weiter. Es konnte immer nur einer springen, die andern kontrollierten, wer es am besten konnte. «

Zu all der Arbeit im Haus und bei der Ernte war der Garten auch noch da. Außer dem voll eingeplanten Teil für die Ernährung der Familie wurde aller Überschuss herzlich gerne auf dem Wochenmarkt zu Geld gemacht. Ein Stückchen Erde ungenutzt zu lassen, wäre damals keinem in den Sinn gekommen. Solange es ging, fand die Großmutter hier einen ausfüllenden Arbeitsbereich.

Zum Markt ging es nach Sonnenaufgang am Samstag. Nicht mit dem Auto, das hatte man gar nicht. Das Beförderungsmittel für solche Dinge war der Bollerwagen, im Schwabenland heißt er Leiterwägelchen. Kräuter, schön zu Büscheln gebunden, Gemüse, das jetzt überreichlich zur Ernte anfiel, auch die schönsten Blumensträuße aus kunterbunt zusammengestellten Sommerblumen nahm sie mit. Die Hühner lieferten auch reichlich Eier, und frische Landeier sind noch heute in der Stadt sehr beliebt. Frische Landbutter, die sie oft am Abend vorher selbst gebuttert und schön in Holzmodel gedrückt hatte, wurde immer gekauft. Die Großmütter waren in Landfamilien nicht entbehrlich. Sie erfüllten eine wichtige Aufgabe.

Der Heuwagen

Essen kochen, Kinder hüten, das Federvieh versorgen, den Garten bestellen, alles Aufgaben für die während der Ernte keiner Zeit fand, außer eben der Großmutter. Auch die Großväter saßen nicht auf dem Altenteil. Wenn der Gesundheitszustand es erlaubte, waren sie in der Erntezeit zuständig für die Stallarbeit. Kühe melken und füttern, ausmisten und am Abend den Hühnerstall schließen, damit sich der Fuchs in der Nacht nicht ein Hinkel holen konnte.

War alles Heu eingebracht, gab es in manchen Gebieten einen Ausspanntag, der einem Heiligen gewidmet ist. Jakobustag ist am 25. Juli.

Der Heilige Jakobus

war ein Jünger Jesus. Er hat unter dem Kreuz gestanden, als Jesus starb. Sein jüngerer Bruder war Johannes, der angeblich der Lieblingsjünger von Jesus war. Später soll Jakobus, der immer als wilder Geselle geschildert wird, in Spanien missioniert haben. Er starb als erster aus dem Kreis der Apostel den Märtyrertod. In Spanien verehrt man ihn sehr. Eine Wallfahrtskirche in Compostella bewahrt seine Gebeine auf, und viele Pilger wenden sich auf ihrer Wallfahrt an ihn. Dargestellt wird er als Pilger mit Stab, Beutel und Jakobsmuschel, manchmal auch mit Buch wie die anderen Apostel. Die Jakobsmuschel ist nach ihm benannt. Früher war sie für die Pilger ein beliebtes Trinkgefäß, das sie gerne an ihrer Kleidung trugen.

Eine Apfelsorte ist auch nach ihm benannt. Die allerersten Äpfel, die in unseren Breiten reifen, heißen **Jakobs- oder Kläräpfel**. Es ist kein Lagerobst, sie müssen sehr schnell gegessen oder verbraucht werden, denn ihr saftiges, leicht säuerliches Fleisch wird sehr schnell mürbe und verliert an Geschmack.

Der Jakobstag ist der Ruhetag vor der großen Ernte, und mancherorts wurde er wie eine Kirmes gefeiert.

Die Getreideernte zieht sich mit ihrer mühseligen Arbeit bis in den August. Wir sollten aber noch einen Blick in den Garten werfen, all das genauer ansehen, was die Großmutter, wie schon gesagt, für die Stadtfrauen auf den Markt trägt. Eine Blume, die jetzt ihren gelben Strahlenkranz an jeder noch so kargen Ecke des Gartens leuchten lässt, ist die

Ringelblume.

Aus ihren Blättern, Stängeln und Blüten werden der Ringelblumenschnaps, die Ringelblumensalbe und der Ringelblumentee hergestellt. Sie bewähren sich als Hautpflegemittel genauso wie zur Schmerzlinderung.

Wermut
Ein verdorbener Magen schätzt diesen Tee. Der kranke Mensch freut sich nicht gerade über seinen typisch herben Geschmack.

Kamille
Eine Blüte für alles. Sie hilft bei Übelkeit, schafft Ordnung im Darm. Beruhigen kann sie auch und ihre Teeaufgüsse, verdampft, haben schon manchem Schnupfen Beine gemacht. Wunden, die mit ihr behandelt werden, heilen schneller und besser.

Schafgarbe
Wieder ein Kraut, welches auf jeder mageren Erde gedeiht. Die Blüten, getrocknet und zu Tee gekocht, sind besonders für Magen und Darm eine Wohltat.

Pfefferminze
Wenn der Magen drückt, wenn man ihn überladen hat, die Pfefferminzblättchen sorgen anschließend für Wohlbehagen.

Johanniskraut
Die kleinen Goldsternchen sind im Zusammenhang mit ihrem Namensgeber schon genannt worden (siehe Seite 102).

Die Königskerze
Ihre Schönheit steht außer Frage, und ihre Heilkraft steht dem in nichts nach.

Weitaus mehr Kräuter wären noch zu nennen, die auch von den Stadtleuten gerne für ihren Wintervorrat gekauft worden sind. Fehlen dürfen aber nicht, was jeden Tag auf dem Mittagstisch Salaten, Soßen und Suppen den unnachahmlichen Wohlgeschmack verleiht. Nämlich die

Küchenkräuter:
Die Petersilie
soll den Anfang machen, passt sie doch zu fast allen Gerichten und bringt mit ihrem hohen Gehalt an Vitaminen (C vor allem) Gesundheit zu den Mahlzeiten.

Der Schnittlauch
Ein Gewürzkraut mit sehr ausgeprägtem Geschmack. Ein Kräuterquark ist ohne ihn nicht denkbar.

Basilikum

Das Mittelmeerpflänzchen ist bei uns so gut eingebürgert, dass man es nicht umgehen kann, obwohl es unsere Alten noch nicht kannten. Es ist auch sehr kälteempfindlich und liebt Jahre mit viel, viel Sonne.

Dill

Ein Gurkensalat ohne Dill, Gewürzgürkchen im Winter ohne Dill? Da fehlt das gewisse Etwas.

Majoran

Für ihn schwärmen alle Kenner deftiger, uriger Kartoffelsuppen. Und der Metzger kann natürlich auf den Majoran für seine Würste nicht verzichten.

Bohnenkraut

In einen frischen, grünen Bohnensud muss es einfach hinein. Ein paar Blättchen braucht auch das Gemüse auf den Teller noch. Liebhaber von knusprigem Schweinebraten wissen, dass der pfeffrige Geschmack des Kräutleins Soßen einen besonderen Pfiff verleiht.

Kerbel

Eine Suppe mit den zarten Kerbelblättern abgerundet, ist etwas für Feinschmecker. Auch Eierspeisen und Salate schmecken mit Kerbel gewürzt sehr delikat.

Boretsch

Ein eher deftiger Geschmack zeichnet ihn aus. Oft wird er auch als Gurkenkraut betitelt, denn in Gurkengerichten, die ja gerne etwas fad schmecken, entfaltet er seine ganze Kraft. Mitgekocht darf er nie werden, immer unter das fertige Gericht sehr fein gehackt mischen.

Estragon

Seine kleinen, schmalen Blättchen, fein gewiegt, geben fast allen Gemüsesorten eine delikate Note. Eines seiner Zweiglein rechtzeitig in die Essigflasche gehängt, und jeder Salat schmeckt würziger.

Zitronenmelisse

Kann fast schon ein Wucherkraut genannt werden, so üppig gedeiht sie in den Gärten, wenn sie den richtigen Boden hat und gut verwurzelt ist. Ihr zarter Zitronenduft passt in alle Salate und zu jedem Tee aus Kräutern oder Früchten. Längst schon ist sie mit vielen ihrer Gartenschwestern bei der Herstellung von Naturheilmitteln nicht mehr wegzudenken.

Liebstöckel

Das Gewürzkraut hat die Firma Maggi als ihren eigenen Duft gemietet. Im Garten wächst Liebstöckel oder auch Maggikraut in einem kräftigen Busch. Besonders in Suppen, Eintöpfen und Fleischgerichten schmeckt es gut.

Beifuss

Er ist auch draußen auf der Wiese und am Waldrand zu finden, wächst dort unausrottbar und üppig. Wenn er kurz vor der Blüte steht, muss er geerntet und getrocknet werden. Alle Fleischgerichte mögen einen Hauch von seinem kräftigen Aroma. Die Weihnachtsgans allerdings kommt ohne ihn bestimmt nicht aus, für ihren Geschmack ist er ein MUSS.

Salbei

Gewürz und Heilpflanze, gehört in jeden Haushalt. Schleicht sich eine Erkältung mit Husten und Halsschmerzen in die Familie, dann ist kräftiges Gurgeln mit Salbeitee angesagt. Auch als Zugabe in Heilsalben wird er gebraucht. Kein Hustenbonbon ohne Salbei. In der Küche ist er DER Partner für alle Fischgerichte.

Thymian

Wie Salbei kann Thymian als Heilkraut und als Küchenkraut genutzt werden. Bei allen Erkältungskrankheiten kommt er zum Einsatz, besonders bei Husten und Heiserkeit hilft er als Tee angeboten. In der Küche wird er gerne zu Fleischspeisen mit verwendet, denn sein würziger Eigengeschmack bringt alle anderen Kräuter erst zum Klingen.

Sauerampfer

Ein Wildgewürz. Man hat es früher zwar gerne verwendet, aber nicht im Garten angebaut, war es doch auf jeder Wiese zu finden. Heute, mit der „Zurück zur Natur"-Welle ist der Sauerampfer wieder in Mode gekommen, und so manches Feinschmeckersüppchen wird mit seinem leicht säuerlichen Aroma gekrönt.

Die bäuerliche Großmutter hatte in ihrem Marktangebot aber auch immer Kräutermischungen. Jetzt, wenn die Kräuter im Garten so überaus füllig stehen, ist die richtige Zeit, an den Winter zu denken. Viele Städterinnen waren dankbar, konnte die Landfrau doch besser an ganz frische Pflanzen kommen, und die Trocknung in guter Landluft hat man auch geschätzt.

Großmutters Kräutermischung

Sie ersetzt und übertrifft mit ihrem vollmundigen Aroma jede Curry- und jede Pfeffersorte. Die Kräuter müssen früh am Morgen geerntet werden. Zum Trocknen legt man sie auf ein sauberes Tuch und stellt sie an einen luftigen Ort, aber niemals an die Sonne. Immer wieder einmal sollte man sie umdrehen, wenden, damit von allen Seiten gleich viel Luft an die Pflanzen kommt. Sind sie getrocknet, zerreibt man sie zwischen den Händen, möglichst mit Baumwollhandschuhen, damit die Finger (und die Kräuter) geschont bleiben. Jedes Kraut kommt in eine eigene Schüssel, einen speziellen Sack oder ein Schraubglas und wird beschriftet.

Für die Kräutermischung gilt folgendes Rezept:
10 g Estragon
10 g Zitronenmelisse
10 g Basilikum
20 g Liebstöckel
20 g Selleriesamen (Eine Selleriestaude im Garten aussamen lassen und den Samen fein zerstoßen)
Wurde diese Mischung auf dem Markt angeboten, fand sie reißenden Absatz. Mit demenziell erkrankten Bewohnern eine solche Mischung herzustellen, ist für alle, Bewohner und Mitarbeiter, ein Erlebnis.

Kinderspiele im Juli

Die Ernteferien, so wurden die Sommerferien früher genannt, stehen vor der Türe. Der Name der Ferien sagt schon aus, dass an viel Spielen im Monat Juli nicht zu denken war. Landwirtskinder wurden zur Heuernte gebraucht, die Mädchen im Garten und im Haus, um die Wintervorräte einzuwecken. Mädchen haben das alles von ihren Müttern gelernt, Haushaltungsschulen waren nur etwas für Stadtkinder und zwar für die reichen. Heute hat man längst wieder erkannt, dass dies „learning by doing" nicht der schlechteste Weg war.

Stadtkinder bereiteten sich auf die Sommerfrische vor. Wer eine Badeanstalt, Freibad würden wir heute sagen, besuchen konnte, tat das mit viel Freude. Nicht so gut gestellte Kinder spielten, frei von schulischem Druck, einfach auf der Straße oder im Hof. In größeren oder kleineren Gruppen bevorzugten sie jetzt die Spiele, zu denen man viel Platz braucht: **Räuber und Gendarm, Verstecken, Fangspiele, Wer fürchtet sich vorm schwarzen Mann, Fußball.**

Alles Spiele, die nicht erklärt werden müssen, und früher, heute und hoffentlich in allen Zeiten Kindern die notwendige Bewegung und Freude, das Austoben und Genießen in der Gruppe ermöglichen.

Zeitplan für den Juli
Themenvorschläge

1. Woche
- Der Monat Juli, Namenserklärung.
- Warum Heumonat?
- Mariä Heimsuchung, die Legende erzählen.

2. Woche
Einmachen von Obst:
- Alte Geräte in der Zeichnung (vergrößert) zeigen.
- Wie wurde es gemacht?
- Wo wurde es gelagert?
- Saft-Herstellung.
- Gelee-Herstellung auf alte Art.

3. Woche
- Marmelade kochen.

Heuernte:
- Auf Einzelheiten, wie Heuwagen eingehen,
- Bild zeigen.

- Gartenarbeit.

4. Woche
- St. Jakobus, der Heilige.
- Geschichte erzählen und erzählen lassen.
- Der Ruhetag in der Landwirtschaft.
- Jakobsäpfel.
- Die Kräuter des Gartens, Heilkräuter als Bild oder real zeigen.

AUGUST

Der August

Der August

Der achte Monat im Jahreskreis ist nach dem römischen Kaiser Augustus benannt. Sein Weltreich ist uns noch von der Schulzeit her bekannt. Auch in der Weihnachtsgeschichte wird er erwähnt, hat er doch die erste Volkszählung veranlasst und es dadurch möglich gemacht, dass Christus tatsächlich, wie in der Verheißung geschrieben, im Stall zu Bethlehem geboren wurde. Wir dürfen nicht vergessen, Nazaret, wo seine Eltern lebten, und Bethlehem verbindet heute eine moderne, etwa 80km lange Autostraße. Zu Jesu Zeiten war das eine kleine Weltreise über unwegsame Gelände. Niemals, ohne den kaiserlichen Druck, wäre ein Mann mit seiner schwangeren Frau so eine beschwerliche, waghalsige Strecke langgezogen.

Kaiser Augustus

Der August wurde früher auch Erntemonat genannt.

Die Getreideernte

beginnt. Dazu brauchte man viele Helfer, auch Lohnarbeiter wurden angestellt. Früh aufstehen war eine Selbstverständlichkeit in der Landwirtschaft, schon mit den Hühnern, die bekanntlich den Sonnenaufgang als Wecker benützen. Das Mähen des Getreides war reine Bauern- oder Knechtsarbeit. Den ersten Schnitt tat aber immer der Bauer, oft sprach er dabei ein Gebet mit der Bitte um eine gute und störungsfreie Erntezeit. Man benutzte, bevor die ersten Mähmaschinen in die Dörfer kamen, die Sense mit dem „Krabbenflügeln" (Rabenflügeln). Das waren an der Sense angeschraubte halbrunde Bögen aus Holz, mit einem Gitter bespannt. Ihre Aufgabe war es, die abgeschnittenen Getreidehalme schon fast als Garben auf den Ackerboden gleiten zu lassen.

Die Frauen hatten die Aufgabe, das Getreide zu bündeln. Dazu benutzten sie gerne die Sichel, ein Gerät eigentlich auch zum Getreideschneiden geschaffen, es wird aber längst nicht mehr dazu benutzt. Das ewige Bücken bei jedem Schnitt war gar zu mühselig. Mit der Sichel in der rechten Hand griffen die Frauen sich den ganzen Arm voll Kornhalme, schlangen ein Band oder zusammengewundene Halme darum und stellten jeweils drei solche Bündel zu Garben zusammen.

Heute fährt der Mähdrescher über die Äcker, und das schon ausgedroschene Korn fließt aus dem Maschinen-Ungeheuer direkt in den Anhänger des Bauern, die Spreu wird als Dünger über den Acker geblasen, selbst das Stroh wird schon in großen Rollen oder Packen ausgeworfen.

In den Kriegsjahren war das **Ährenlesen** für die Stadtfrauen eine wichtige Ergänzung der knappen Zuteilungen an Lebensmitteln. Die bei jeder Ernte abfallenden Ähren sammelten sie, über das Feld schreitend, in einen Sack, wie einst die biblische Ruth. Zu Hause wurde meist in der Kaffeemühle das getrocknete Korn gemahlen und im Brei oder der Suppe zu einer nahrhaften Mahlzeit verarbeitet.

Und wie bei der biblischen Ruth verteidigte man eifersüchtig sein Stückchen Acker. Die Sorge um die Familie hat zu allen Zeiten Frauen viel abverlangt.

Erst wenn das Korn gut durchgetrocknet war, wenn alle Felder leer geerntet waren, wurde früher gedroschen. Die kleineren Bauern hatten keine eigenen Dreschmaschinen. Man mietete sich eines dieser Großgeräte für einen oder zwei Tage. Alle halfen, denn die Mietzeit kostete Geld und musste genutzt werden. Eine furchtbar staubige Angelegenheit war das Dreschen, und jeder freute sich, wenn das Korn goldgelb und sauber in den Säcken steckte.

Auf manchen alten Scheunenböden findet man noch heute einen **Dreschflegel**. Zur Zeit der Urgroßeltern gab es auch die Erleichterung der Dreschmaschinen noch nicht. Das Getreide wurde auf der Tenne, auf dem Boden in der Scheune, in dicken Lagen ausgelegt. Um diesen Kornteppich herum standen die Männer des Hofes und schlugen mit großem Schwung im schönen Takt auf die Garben ein. Das Korn löste sich so aus den Ähren und konnte, wenn die Strohbüschel weggeräumt waren, einfach aufgeschaufelt werden. In große Siebe gefüllt, kräftig geschüttelt, trennte man die „Spreu vom Weizen".

Die Redewendung benützt man auch heute noch, um auszudrücken, dass Unwertes vom Guten getrennt werden soll. Die Dreschflegel benützt man mittlerweile gerne in bäuerlichen Gaststuben als Dekoration. Und was ein Flegel ist, weiß auch jeder.

Das Ährenlesen

Am 10. August ist

Laurentius Tag.

Er ist ein sehr geschätzter Heiliger, hat er doch in seiner Lebenszeit viele Wunder vollbracht, auch Blinden das Augenlicht wiedergegeben. Er war der Diakon des Papstes Sixtus II. und verantwortlich für die Bibliothek mit den heiligen Büchern. Gestorben ist er den Martertod auf einem feurigen Rost. Deshalb wird er gerne mit Buch oder Rost dargestellt, die schöne Laurentiuskirche in Nürnberg (mit dem Englischen Gruß von Veit Stoß) ist ihm geweiht. Schutzpatron ist er für alle Bibliothekare, Studenten, Schüler und alle, die mit Feuer zu tun haben. Helfen kann er unter anderem bei Fieber, Haut- und Augenleiden.

Der Laurentiustag ist so interessant, weil man ihm zu Ehren die im August auftretende Sternschnuppenschwärme **„Laurentiustränen"** genannt hat.

Bericht einer ehemaligen Pfarrerstochter aus dem Pflegeheim:

» Im August sind viele von meinen Schulkameradinnen mit ihren Eltern in die Sommerfrische gefahren. Wir konnten das nie, meine Eltern hatten dafür kein Geld. Aber unser Vater ist so in der Augustmitte eine ganze Nacht mit uns im Garten geblieben, um die Lauretiustränen zu zählen. Es waren so viele, das wir es nicht geschafft haben, und der Vater hat gemeint, so unzählbar viel Tränen hat der Heilige sicher damals geweint. Wir waren zwar evangelisch, aber unser Vater hat uns trotzdem immer Ge-schichten von den Heiligen erzählt, so zum Vorbild. «

Ein Herr aus der Runde ergänzt:

» Wir hatte auch nicht viel Geld, und in eine Sommervakanz sind wir nie gefahren. Aber meine Eltern haben mit uns eine „Waldnacht" gemacht. Wir haben viele gute Vesperbrote mitgenommen und sind am frühen Abend in den Wald. Weit, weit hinein. Dort haben wir ein „Lägerle" (kleines Nachtlager) gebaut und in der Dämmerung gegessen. Die kleineren Geschwister haben wir hingelegt und wir Großen sind die ganze Nacht aufgeblieben. Das eigenartige Gefühl im Wald in der Nacht, das weiß ich heute noch. Wir mussten ganz ruhig sein, was man dann da alles hört. «

Am 15. August ist

Mariä Himmelfahrt

auch heute noch in einigen Bundesländern ein gesetzlicher Feiertag. An diesem Tag wird der Mutter Gottes gedacht, es soll ihr Sterbetag sein und ihre Aufnahme in den Himmel bekunden. Vielerorts wird dieser, ihr Sterbetag, auch als **Frauentag** gefeiert. Auch die **Büschel- und Kräuterweihe** liegt in vielen Gemeinden an diesem Tag.

Legenden über Legenden gibt es dazu.

Heimbewohnerinnen berichten:

» Als Maria gestorben war und zu Grabe getragen wurde, haben die Engel befohlen, dem Leichenzug muss eine Palme voraus getragen werden. Drei Tage nach ihrer Beerdigung ist Christus erschienen und hat Maria in den Himmel begleitet. Die Palme blieb zurück und verbreitete einen herrlichen Duft. «

» Die vielen Bildnisse „Maria im Ährenkranz" sollen daran erinnern, dass Maria, die einfache Magd, in der Zeit der Reife der Felder gestorben und in den Himmel eingezogen ist. «

» Als Maria gestorben ist, war Erntezeit, und keiner konnte die Totenwache halten. Da sind die Engel vom Himmel erschienen und haben um sie lauter Ähren gesteckt. Die Ähren haben geduftet wie ein ganzes Feld voll Rosen. Das hat alle Bienen und Schmetterlinge angezogen, und die Insekten haben ihr Gesellschaft geleistet. «

Ein schönes altes Augustfest ist der

Schäferlauf

z.B. in Marktgröningen. Wenn die Getreideäcker abgeerntet, die Ährenleserinnen die Äcker verlassen hatten, haben die Schäfer in alter Zeit ihre Herden noch auf die Stoppelfelder geführt. Manches Körnchen fanden die genügsamen Schafe und zum Dank für die Nahrung ließen sie eine hochwertige Düngung zurück. Die Schäfer veränderten diese Sitte zu einem Fest. Bevor die Schafe damals die Äcker betraten, mussten die Schäferinnen und Schäfer den Acker abgehen, und schauen, ob es sich lohnt, die Tiere hierher zu treiben. War zu wenig Korn ausgefallen, musste man nach einem anderen Weidegrund suchen.

Später wurde das „über den Acker gehen" beim Fest zum „laufen". Barfuß auf den Stoppeln rennen junge Mädchen und junge Männer, in Geschlechtern getrennt, um die Wette. Wer Sieger war, bekam früher ein Schaf oder einen Hammel, heute eher (regional unterschiedlich) einen Geld- oder Sachpreis.

In der Stadt war der August der heißeste Monat im Jahr, der Zeitpunkt, seine Koffer zu packen und in die **Sommervakanz** oder in die **Sommerfrische** zu reisen. Der Geldbeutel bestimmte das Ziel. In ganz seltenen Fällen waren Reisen ins Ausland möglich. Der Schwarzwald, die bayerischen Berge waren damals schon was Besonderes.

Einfachere Menschen mussten sich mit einem Aufenthalt auf dem Lande begnügen. Die Reiselust unserer Landsleute war früher sicher nicht geringer als heute, aber es fehlte das nötige Geld. Erst lange nach dem zweiten Weltkrieg entdeckte man auch in einfachen bürgerlichen Kreisen das Ausland. Bella Italia war der Beginn.

Wenn man an die See fuhr, von allen Verwandten beneidet, war die Eisenbahn das Beförderungsmittel. Jeder hatte für seinen Koffer Sorge zu tragen, war man doch immer im Familientross unterwegs. Es gab Familien, die konnten es sich leisten, ein ganzes Abteil für sich zu belegen. Die Wagen der Bahn boten Waggons an, bei denen jedes Abteil nur von außen geöffnet werden konnte. Es war abenteuerlich, wenn der Schaffner sich während der Fahrt außen auf dem Trittbrett entlang hangelte, um die Billettchen in den einzelnen Abteilen zu kontrollieren.

Man reiste in Klassen. Von Klasse Eins bis Klasse Vier konnte man die Fahrkarten, damals Billett genannt, kaufen. Klasse Eins hatte mit grünen, blauen oder rotem Samt gepolsterte Sitzbänke. Für die Beine und das Gepäck war reichlich Platz. Klasse Zwei war schon etwas enger, und eine Person mehr musste im Abteil Platz finden. Klasse Drei verfügte nur über Bänke aus Holz. Die vierte Klasse war noch spartanischer ausgestattet. An den Seitenwänden liefen Holzbänke entlang, und in der Mitte war ein freier Raum. Das war nicht nur dürftig. Denn in dieser Klasse reisten praktischerweise viele Menschen mit Traglasten und sperrigen Gütern. Bauern, die zum Markt in eine größere Stadt wollten. Dienstmädchen, deren Herrschaft vorne in der ersten Klasse logierte. Kurz, alles einfaches, wenig verdienendes Volk, nicht selten mit lebenden Hühnern oder sonstigem Getier in Käfigen. Musste man umsteigen, gab es selbstredend auch die Klasseneinteilung in den Bahnhöfen und deren Gastwirtschaften. Von komfortablen Räumen bis einfachsten Aufenthaltsmöglichkeiten war alles im Angebot.

Da die Eisenbahn mit Kohle betrieben wurde, war man, am Bestimmungsort endlich eingetroffen, „schwarz gepunktet". Der Qualm jener Lokomotiven enthielt immer noch kleinste Kohlenpartikelchen, die durch die Luft flogen und sich überall niederließen. Den Kindern wurde deshalb bei Strafe verboten, sich aus dem Fenster zu lehnen, zu leicht setze sich so ein scharfkantiges Körnchen schmerzhaft im Auge fest, und man hatte dann große Mühe, es wieder zu entfernen.

Am Ziel angekommen, musste man sich zuerst waschen. Frische Kleidung hatte man dabei, wenn sie auch noch verdrückt war, sie wurde angezogen. Während die Minna oder die Mutter die vielen Koffer auspackte, ging Vater mit seinen Sprösslingen schon mal auf Erkundungstour. Der erste Weg führte natürlich zum Strand, und Kinder, die noch nie am Meer waren, zeigten sich auch tief beeindruckt.

Berichte einiger Bewohner:

» Wir waren mal auf einer Insel in der Nordsee in Sommerfrische. Mich hat damals das viele Wasser ganz ängstlich gemacht. Der viele Sand war aber ganz mein Geschmack. Ich hab' mir immer einen kleinen Eimer voll Meerwasser geholt und dann angefangen, eine Burg zubauen; später halfen meine großen Brüder mit. Ich kann die Burg heute noch beschreiben, denn so eine schöne habe ich nie mehr zustande gebracht. Meine Mutter saß die ganze Zeit im Strandkorb. Sie hatte Sorge, dass die Sonne ihr Kopfweh macht, und der Wind, der ständige Wind, das störte sie schon sehr. Mein Vater fuhr nach einer Woche alleine wieder heim, damals hatte man noch nicht soviel Urlaub. «

» Unser Vater fuhr auch zurück. Die Wirtin in unserer Pension sagte: „O, dann sind Sie ja Strohwitwer". Ich kannte das Wort nicht und wurde richtig traurig, weil ich dachte, Witwer wird man nur, wenn der Partner stirbt, und ich hatte Angst, meine Mutter würde sterben. Am Abend hab ich das den großen Brüdern gesagt, die haben mich ausgelacht, aber sie haben mich auch aufgeklärt. «

» Am Strand trug eine Dame keinen Bikini und auch keinen Badeanzug, ausnahmsweise auf dem Weg ins Wasser, im Meer und auf dem Rückweg zum Strandkorb oder zur Kabine. Es war ganz einfach unschicklich, sich so nackt zu zeigen, wenn es nicht unbedingt nötig war. «

Das Strandkleid

war Mode, am liebsten im Matrosenlook. Es war gewagt kurz, reichte knapp bis zum Knie und hatte nicht die Spur von Ärmel. Klar, dass man sich in diesem Aufzug am Abend nicht zurück in die Pension wagen konnte. Ein nochmaliges Umziehen gehörte zum Strand-Alltag. Zum Baden hatte man einen **Badedress**. Die Beinlänge ist heute fast schon wieder modern, sie reichte bis knapp ans Knie.

Ohne Sonnenhut zeigte man sich nirgends, weder am Strand noch in dem kleinen Fischerdörfchen. Die Ausrüstung der Mädchen sah genauso aus, nur war man doch nicht ganz so streng. Mädchen durften bis zu einem gewissen Alter auch mal am Strand in der Badebekleidung spielen. Männer trugen am Strand die untere Hälfte der früher so bekannten Badekostüme.

Es war klar, kein Herr, der etwas auf sich hielt, hatte kurze Hosen an, wenn er sich im Dorf bewegte. Allerdings, die Polohemden hatten sich schon durchgesetzt und waren erlaubt, ohne dass man seinen guten Ruf einbüßte. Kleine Jungen waren Abbilder der Väter. Zu ihrem Outfit gehörte, außer dem üblichen Matrosenanzug, eine Schaufel, ein kleiner Eimer und ein Fischnetz, alles auf der weiten Fahrt schon vorsorglich mitgenommen. Außerdem, die gute alte Botanisiertrommel und ein Schmetterlingsnetz waren die unumgänglich Ausrüstung. Alles, was da flog, ob Schmetterling, Käfer oder Libelle, wurde gekäschert, im Blechgehäuse verstaut und am Abend für die eigene Sammlung präpariert.

Am Strand

Irgendwo in Nähe des Strandkorbs, in dem Vater und Mutter den Tag genossen, war das Kindermädchen oder die Hausangestellte. Für sie kam irgendeine Strandbekleidung überhaupt nicht in Frage. Sie war im Dienst und trug deshalb Montur. Die Familie im Nachbarkorb musste doch sehen, dass man sich ein Kindermädchen leisten konnte, und dass man genau wusste, was sich gehört, dies zu zeigen, durfte nicht vergessen werden.

Am Ende der Sommerfrische holten die Väter ihre Familien wieder ab. Es gab soviel Gepäck, soviel Trubel beim Umsteigen, dass dies auch nötig war. Die Muscheln, Seesterne und Schnecken, die Alt und Jung täglich gesammelt hatten, waren zusätzlich mitzunehmen. Beim nächsten Kaffeekränzchen der Mama wurde den beeindruckten Gästen alles vorgezeigt. Die Kinder hatten in der

Schule dann ihre große Stunde, wenn sie den neidischen Kameraden von ihren Erlebnissen berichteten.

Erinnerungs-Spaziergänge durch die Sommerfrische:

» Ich erinnere mich, die Tochter von unserem Gutsbesitzer, die waren auch an der See. Die hat sogar einen Krebs mitgebracht, der hat vielleicht gestunken! «

Fuhr man ins Gebirge, waren die bayrischen Berge das Ziel:

» In Bad Tölz, da war ich mal mit meinen Eltern und Großeltern. Wir waren bei weit auseinander liegenden Familien einquartiert. Morgens gab es immer ein Frühstück! Da denke ich heute noch dran, richtigen Honig, von den eigenen Bienen, und ein Ei, so groß, wie wir das in der Stadt gar nicht kannten. Ein Bad gab es nicht, man musste sich am Brunnen im Hof waschen, das war für uns Kinder der größte Spaß! «

Im Gebirge musste man wandern. Das war klar und dazu brauchten die Damen ein Dirndl. Die Schuhe mussten genagelt sein und auf dem Kopf ein fescher, bayerischer Hut. Ein Mann trug nicht unbedingt Krachlederne, aber Kniebundhosen waren schon Pflicht. Möglichst ein kariertes Hemd und rote Kniestrümpfe steigerten das Sommerfrische-Gefühl. Die echten Gebirgswanderfreaks ziehen bis zum heutigen Tag diesen Aufzug an. Es stimmt schon, wie das Lied besingt: „Bergkameraden sind treu", auch in der Bekleidung.

Wanderschuhe

brauchten auch die Herren, die Sohlen mit Nägeln beschlagen und schön schwer, wenigstens das ist nicht mehr modern. Auf den Kopf gehörte auch für Männer ein Hut, am liebsten die gewalkten oder gepressten Filzhüte, grau mit unregelmäßigen dunklen Flecken. In der Kordel, die um das Kopfteil führt, steckte bald nach den ersten Wanderungen eine Vogelfeder. Fand man eine vom Eichelhäher, blau und weiß gestreift, war man besonders stolz. Edelweiß und Almenrausch fanden sich bald nach den ersten Tagen an mehr und mehr Hüten. Der Gamsbart, nicht ganz billig, verlockte sehr!

Die Andenkenläden,

die es damals schon gab, verkauften viele Dinge, die man mit nach Hause nehmen konnte (und die dann bald herumstanden). So manche bemalte Spandose, manches Halstuch mit Edelweißmotiv, manch stattlicher Wanderstock ist so durch ganz Deutschland gereist.

Wenn Kinder spendable Großeltern dabei hatten, gab es noch ein wunderschönes Andenken für zu Hause. Und zwar die berühmte Halbkugel mit einer Gebirgslandschaft im Inneren. Wenn man die Kugel schüttelt, beginnt es zu schneien. Immer noch kann man diese Prachtstücke überall, wo freigiebige Urlauber Ausschau halten, erwerben. Und immer noch verzaubert das Schneegestöber viele Kinder und jung gebliebene Erwachsene mit Kinderherzen.

War zu Ende des Augustmonats das letzte Brotgetreide in der Scheune, wurde das gefeiert. Am selben Abend richtete die Bäuerin ein geradezu üppiges Vesper und alles, was Küche und Keller an nicht warm herzustellenden Leckereien bieten konnten, wurde aufgetischt. Da gab es alle Wurstsorten und Speck, Sülze und Rettich, Tomaten und Gurken zum guten Bauernbrot. Aus dem Keller kam der eigene Most, und wer lieber Schorle mochte, für den stand ein Krug mit bestem Brunnenwasser dabei. Alle, die bei der Ernte ihre Arbeit getan hatten, waren eingeladen. Man nannte dies Vesper **„Ausvesper"**, was nicht weiter erklärt werden muss.

Am Sonntag darauf feiert man mit der ganzen Helfergruppe die

Sichelhenke.

War früher alles Getreide eingefahren und versorgt, dann hängten die Knechte ihre Sicheln auf einen hohen Balken in der Scheune oder Gerätekammer. Das Erntejahr war abgeschlossen mit einem Dankgottesdienst, dem sich auf dem Hof ein reichliches Essen anschloss. Damit war dieses Kapitel für heuer beendet.

Die Bäuerin sammelte nach dem offiziellen Abschluss die letzten Ähren, die sie im Hof und in der Scheune fand, und flocht daraus einen kleinen Kranz, der überall etwas anders genannt wird: „Gutdankkränzle", „Feierabend" oder „Endbuschen" sind nur einige seiner Namen. An der Stall- oder Tennentüre wurde er angebracht und blieb das ganze Jahr über hängen. Unsere heutige Sitte, Blumenkränze an die Haustüren zu hängen, könnte da eine Wurzel haben.

Erleichtert, dass bisher alles so gut verlaufen ist, werden die Bauern den August verabschieden. Doch für sie ist die Erntezeit noch nicht zu Ende. Die Kartoffeln sind noch auf dem Feld, die Äpfel und Birnen hängen noch an den Bäumen, der Winzer hat bisher nur die allerfrühesten Sorten gelesen.
   Die Städter sind aus der Sommerfrische tief befriedigt wieder daheim und der Rest der Stadtbewohner freut sich beim Anblick der vielen Wintervorräte in Gläsern und Flaschen. Der August kann gehen.

Zeitplan für den August
Themenvorschläge

1. Woche
- Namenserklärung, Erntemonat früher.
- Geschichte von Kaiser Augustus erzählen.
- Getreideernte beginnt.
- Die Geräte heute und früher.

2. Woche
- Frauenarbeit.
- Bei der Ernte.

Im Garten:
- Was ist zu ernten im Garten.
- Gemüse wird wie eingemietet?

3. Woche
- Ährenlesen,
- Die Geschichte von Ruth erzählen.
- Laurentiustag.
- Erzählen der Geschichte von den Sternschnuppen.

4. Woche
- Dreschen heute und früher.

Stadtleute gehen in Sommerfrische:
- Wohin?
- Kleidung dazu.

Mariä Himmelfahrt:
- Legenden dazu.

- Sichelhenke und den Abschluss der Getreideernte.

SEPTEMBER

Der September

Der September

Das ist der neunte Monat im Jahreskreis und der erste Herbstmonat. Mit etwas Abschiedsschmerz blicken wir zurück auf die warmen und hellen Sommertage, denn unverkennbar, die Tage werden kürzer. Früher nannte man den September auch Scheiding, denn der Sommer scheidet und mit ihm die warme Sonneneinstrahlung.

Am ersten September ist einer der vierzehn Nothelfer zur Stelle.

Der Heilige Ägidius

Er war ein Einsiedler, der, nur mit dem Allernötigsten versorgt, in der Provence lebte. Ihm genügte die Gesellschaft der Tiere des Waldes. Später gründete er ein Kloster und wurde dort der Abt. Dargestellt ist er in Jägerkleidung, oft mit Hirschkuh oder Hunden und anderem Wild. Er ist Patron der stillenden Mütter, hilft bei Unfruchtbarkeit von Mensch und Tier und wird auch bei Krankheiten des Geistes und bei seelischen Nöten angerufen. Die Jäger erkennen ihn als Schutzpatron an, und die Jagdsaison steht vor der Tür. Deshalb muss er erwähnt werden.

In der Landwirtschaft beginnt die

Kartoffelernte

Das Kartoffellesen

Früher hat man die Kartoffeln mit der Gabel Pflanze um Pflanze ausgegraben, das ist selbst für die Großelterngeneration Vergangenheit. Eine Maschine, die über den Acker fuhr und mit ihren sich drehenden Zinkenrädern die Kartoffeln aus ihrem Nest wirbelte, war eine ungeheuere Arbeitserleichterung. Auflesen musste man die Kartoffeln aber damals noch von Hand.

Eine Bäuerin berichtet:

» Unser Nachbar und meine Eltern hatte zusammen so eine Maschine, bei uns hieß die „Grubler" (von graben, wühlen). Hinter dem Grubler sind die Frauen und Kinder hergegangen. Die Bäuerin hat zwei Körbe gehabt, in

▶

den einen hat sie die großen Kartoffeln reingelegt, in den anderen die kleinen. Die von der Maschine angeschnittenen hat sie liegen lassen, auch die putzig kleinen Früchte. Die Kinder haben diese dann aufgelesen und in Extra-Körbe gesammelt. Die waren für das Schweinefutter bestimmt, denn aufbewahren konnte man sie nicht gut. Waren die Körbe voll, hat man sie einfach stehen lassen. Am Ende des Erntetages fuhr der Bauer die Furchen ab und schüttete die Kartoffeln mit Hilfe der Knechte oder strammen Söhne auf dem Wagen schön in Säcke, nach groß und klein geordnet. Die kleinen Kinder waren auch wichtig bei diesem Erntegang. Sie mussten den Frauen die Körbe, die am Ackerrand gestapelt waren, bringen. «

Wieder berichtet eine Bewohnerin:

» Daran erinnere ich mich, jetzt wo Sie es sagen, auch noch. Manchmal waren die Kinder noch sehr klein und die Weidenkörbe sehr groß. Da haben die Purzel sich den Korb über die Schultern gestülpt, das sah aus, als würde der Korb alleine laufen. «

Eine beinahe einhundert Jahre alte, ehemalige Bäuerin ergänzt:

» Die Kartoffeln sind sehr wehleidig, das haben wir immer gesagt. Man muss vorsichtig mit ihnen umgehen. Sie vertragen es nicht, wenn man sie herumschmeißt, da kriegen sie blaue Flecken, die man dann in der Küche abschneiden muss. Auch erkälten tun sie sich leicht. Sie erfrieren dann und schmecken nach dem Kochen ekelhaft süß. «

» Die Sieglinde, das ist die Kartoffel, aus der man den Kartoffelsalat macht, ist besonders fröstelig (frostempfindlich). «

Im Keller wurden die Kartoffeln in großen Holzmieten für den Winter aufbewahrt. Die in Säcken verstauten, kamen zum Markt oder wurden in die städtischen Haushalte geliefert. Jede Familie hatte früher „ihren Kartoffelbauern", der sie je nach Familiengröße und Essgewohnheiten im September mit einem, zwei oder noch mehr Zentnern belieferte.

Mit Pferde- oder Ochsengespann vor seinem Wagen fuhr er in die Stadt und dort von einem Kunden zum anderen. Immer hatte er ein oder zwei Säcke mehr aufgeladen. Spontankunden gab es auch früher schon.

Ein Bauernsohn erinnert sich:

» Das hat man mit dem Wagen gemacht, mit dem man sonst auch den Mist auf die Felder geführt hat. Bevor der Vater aber in die Stadt gefahren ist, mussten wir Kinder den Wagen ganz sauber kratzen. Die Stadtleute denken sonst, der Bauer ist schmutzig, und bestellen im nächsten Jahr keine Kartoffeln mehr. «

In den Gärten steht die Obsternte an. Nicht nur die Landwirte, auch Stadtleute haben mitunter hinter dem Haus im Garten einen Apfel- oder Birnbaum stehen. Goldgelb und rot leuchten die Früchte aus dem grünen Blattlaub, ein malerischer Anblick, der schon viele Künstler inspiriert hat. Die Zwetschgen mit ihrem tiefen Blau sind etwas unauffälliger, man muss schon genau schauen, um zu entdecken, wie übervoll mit den herrlich süßen Früchten die Zweige behängt sind.

Von den Zwergbäumen der heutigen Obstbauerngeneration konnten die Alten nur träumen, sie waren einfach noch nicht gezüchtet. Ohne Leitern ging gar nichts, und es verlangte schon viel Erfahrung, die Leitern so anzustellen, dass sie wirklich Halt und festen Stand hatten. Immer wieder gab und gibt es Unfälle durch schlecht verankerte Leitern bei der Obsternte.

Sehr bald wurde der „Apfelpflücker" entwickelt. Das ist eine lange Holzstange, an der vorne ein Leinensäckchen hängt. Die kreisrunde Öffnung des Beutelchens ist an einem Metallreif, mit Zackenrand an der oberen Seite, befestigt. Damit kann man den Apfelstiel vom Baum trennen und die Frucht plumpst in den Beutel. Pflücker mit einer Schnappklappe waren sehr modern.

Tafelobst, Lagerobst muss immer gebrochen werden, man darf es unter keinen Umständen schütteln. Die Stelle, mit denen der Apfel oder die Birne auf die Erde prallt, ist verletzt und beginnt sehr schnell zu faulen, man könnte solches Obst nie lagern. Fallobst ist deshalb eigentlich unerwünscht und wird vermostet oder versaftet. Von wurmstichigen Früchten reden wir erst gar nicht. Moderne Spritzmittel fehlten damals natürlich noch.

Heimbewohnerbericht:

» Das sieht so leicht aus, das Pflücken mit dem Apfelpflücker, aber da braucht man ganz schön kräftige Muskeln dazu. Immer die meterlange Stange hochheben und den Apfel richtig einfädeln und dann mit einem Ruck vom Ast ziehen, ist ganz schön anstrengend. Mehr als drei oder vier Äpfel gehen auch nicht in den Sack, dann muss man ihn ausleeren, er wird ja auch viel zu schwer sonst. «

Pflaumen oder Zwetschgen pflücken war und ist Handarbeit. In den letzen Jahren ist ihr Preis auch so gestiegen, dass die Arbeit einigermaßen bezahlt ist, früher war das nicht so.

Eine Heimbewoherin:

» Ich kann mich gut erinnern, für ein Pfund (halbes Kilo) haben wir nur dreißig Pfennige bekommen, bei den Kirschen war es nicht viel besser. Ein Kilo herrlicher schwarzer oder roter Kracher hat man für eine Mark angeboten. «

Sicher, das Geld hatte einen anderen Wert, aber eine gute Bezahlung für all die mühselige Handarbeit war das nie.

Die Lagerapfel-Sorten, an die sich unsere Bewohner noch gut erinnern, waren für viele Jahre von den neu gezüchteten Sorten verdrängt. Die Senioren kennen alle noch: **Den Gravensteiner, Rosen- oder Himbeerapfel, die Gewürzluike und Goldparmäne.**

Cox-Orange und der **Brettheimer** sind wieder da. Der Cox schmeckt besonders kräftig, ohne den Brettheimer kann ein Profi keinen richtigen Apfelkuchen backen.

Bei der Frage nach einer **guten Birne** wussten die Bewohnerinnen recht gut, welche Sorte bis zum Weihnachtsfest gelagert werden kann und welche echte Herbstbirnen sind: Die „Gute Luise von Avranches" ist eine Herbstbirne, später wird sie mehlig. „Butterbirnen" fallen auch unter diese Rubrik.

Für den Winter deckte man sich in der Stadt mit folgenden Sorten ein, je nach Geschmack der Familie und nach dem Angebot: „Napoleons Butterbirne", „Pastorenbirne", auch „Pfarrers Liebste" genannt, „Alexander Lukas" und die „Josephine von Mecheln". Eine fast ganz verschwundene Sorte ist der „Große Katzenkopf", obwohl gerade sie bis in den Januar hinein in heimischen, guten Kellern gelagert werden kann.

Aufbewahrt wurden die Äpfel und Birnen auf den **Obsthürden** im Keller, hatte man da keine Gelegenheit, musste der Schlafzimmerschrank dafür herhalten.

Eine Bewohnerin:

» Wir hatten keinen Obstkeller, weil im Haus so viele Parteien wohnten, da bekam jeder nur einen Verschlag. Die Äpfel von unserem Gütle (Schwäbisch: kleines Obstgrundstück) legte meine Mutter auf ihren Kleiderschrank in der Schlafstube. Wenn man da im Hebst und Winter die Tür aufgemacht hat, das hat geduftet, wie Weihnachten. «

Ein alter Herr sagt dazu:

» Meine Mutter ist früh gestorben, und wir sind zur Großmutter gekommen. Die Ahne (Großmutter) ging jeden Samstag in den Keller und hat die Äpfel und Birnen kontrolliert. Wenn sie wieder raufkam, hatte sie nur angefaulte oder schrumpelige Äpfel in ihrer Schürze, die durften wir essen. Alle anderen mussten bis Weihnachten bleiben. Nur wenn wir mal ganz brav waren, haben wir einen schönen Apfel bekommen. «

Ich verstehe seither, weshalb Bewohnerinnen und Bewohner ihr mitgebrachtes Obst erst essen, wenn es schon fast nicht mehr gut ist. Ich kann aber auch nachempfinden, was sie fühlen, wenn sie unseren Umgang mit Obst sehen. Sie erkennen auf der Fahrt zum Arzt unter einem Baum Unmengen von Äpfeln. Ihre kurze Bemerkung „schade drum" sagt soviel mehr als die zwei Worte.

Für mich ist immer wieder eine Überraschung, wenn man in der Gruppe erst mal das Vertrauen der Damen und Herren gewonnen hat, was für ein reicher Schatz an Wissen da zu Tage tritt. Natürlich braucht man etwas Geduld. Alibabas Zauberberg lies sich auch nicht so einfach öffnen. Nur die richtigen Worte haben die Tore entriegelt und der Schatz konnte gehoben werden. Das „Sesam öffne dich" muss man suchen, und nicht immer ist es das Erste, was uns einfällt.

Das Einmieten von Gemüse

Im Garten ist das Wurzelgemüse überreichlich herangewachsen. Alles, was in Gläsern, Dosen und Flaschen für den Winter konserviert werden konnte, ist verarbeitet worden und weggeräumt. Der Wochenmarkt hat Überzähliges aufgefangen, und Stadtfrauen, die über einen guten Keller verfügen, gehen mit einem guten Teil der Gemüsesorten genauso vor wie ihre Vorbilder, die Landfrauen. Sie mieten das Gemüse ein.

Damit wird im September begonnen, und die letzten Sorten werden kurz vor dem ersten Frost in den Keller gebracht. Der Sand in seiner Holzmiete hält auch Salat für Tage frisch.

Mitte September beginnen in fast allen Gegenden die

Kirchweihfeste.

Weit, weit zurückliegend waren das die Feste, die tatsächlich zur Einweihung dieser einen Kirche im Ort gefeiert wurden. Das ist lange vorbei. Die ländliche Bevölkerung hat nach einem vollen arbeitsreichen Sommer den Wunsch zu feiern und zwar Sonntag und Montag gleich dazu, also zwei Tage lang.

Da jede Kirche ihren eigenen Weihetag hatte, wurde die ewige Feierei den strengen Kirchenführern bald zuviel und sie sannen auf Mäßigung. Es erging ein Dekret, dass alle Kirchweihfeste zwischen Ende August und dem Tag des Heiligen Michael (29. September) gelegt werden sollten. Die Kirchen wünschten ursprünglich, dass der Sonntag als ein reines Kirchenfest mit mehrmaligem Kirchgang, Gedenken und Ruhe begangen werden sollte. Der Montag hätte gerne der Volksbelustigung vorbehalten sein dürfen.

Das hat von Anbeginn nicht geklappt. Schon Tage vor der Kirchweih, Kirbe, Kirmes oder Kerwe, beginnen heute noch Landfrauen mit einer Festvorbereitung, die nur von der des Weihnachtsfestes übertroffen werden kann.

Das richtige, deftige und ausgiebig gute Essen steht im Mittelpunkt. Da musste vorgesorgt werden, gebacken, gekocht, Haus, Hof und Stall tadellos aufgeräumt und sauber sein. Nach der Ernte war alles in reichlicher Auswahl vorhanden, Äpfel und Zwetschgen ergaben herrliche Obstkuchen, Zwiebel- und Krautkuchen für jene, die es süß nicht so gerne mochten, dazu bot der Garten ein großes Angebot an Salaten.

Eine christliche Familie begann das Kirchweihfest mit dem Gottesdienst am Sonntag. Die Kirche war am Tag davor von den jungen Mädchen des Dorfes mit allen Blumen, die in den Gärten so reichlich blühten, auf das Prächtigste ausgeschmückt worden, und der abgearbeiteten Landbevölkerung, die während der Ernte sich sicher nicht einmal einen Blumenstrauß ins Zimmer gestellt hatte, muss dieser Überschwang wie ein Stück Paradies erschienen sein.

Eine Gruppe von Landfrauen berichtet:

» Wenn bei uns Kirbe war, das war ein Fest. Mir war das lieber als Weihnachten, da war wenigstens was los! Schon Tage davor haben wir gebacken und gebraten. Den Hefeteig hat man mindestens einen Tag vorher gemacht und zum Gehen in den kältesten Keller gestellt, da braucht er dann ganz lang und ist erst fertig, wenn er mit Äpfeln belegt werden soll. «

» Schon eine ganze Woche vorher haben wir die Milch abgeschöpft, den Rahm hat man gebraucht, sonst schmeckt der Kuchen nicht gut. «

» Für die Kirbe hat mein Vater auch extra geschlachtet und frische Leber- und Blutwürste gemacht. Dem Schweinebraten hat man obendrauf die Schwarte gelassen und kreuzweise eingeschnitten. Mit einem Sellerie abgerieben, hat er ein besonders gutes Geschmäckle. «

» Der Vater war zuständig für den Wein und das Bier und den besten Most, der vom Vorjahr noch da war. Wir Kinder durften vom Reißer (frischer, leicht angegorener Apfelmost) trinken. Da ist einem im Kopf ganz schwummrig geworden. «

» Ich und meine Schwester, wir waren die Austräger. Wir mussten dem Pfarrer und dem Lehrer von der Metzelsuppe und von dem Kuchen bringen. Die Wurstbrühe war in einer Milchkanne, das Sauerkraut, die Leber und Blutwürste sowie das Kesselfleisch in einer Schüssel. Meine Schwester trug in einem Paket alles, was gebacken war. Ein paar Stück von jedem Kuchen und die Kirbeküchle (Schmalzgebackenes). Wir haben jedes Mal was zum Dank gekriegt, vom Pfarrer ein Heiligenbildchen, vom Lehrer einmal sogar ein kleines Buch, sonst halt ein paar Pfennige. «

Da am Kirchweihtag „etwas los" sein musste, trafen auch rechtzeitig die Schausteller mit ihren Karusells, ihren Schieß- und Wurfbuden auf dem Dorfplatz ein. Auch Schiffschaukeln, sogar solche, die sich überschlugen, durften nicht fehlen, waren sie doch für die halbwüchsigen Burschen und Mädchen ein besonderes Vergnügen.

» Da durfte man keinen zu weiten Rock anhaben, denn wenn die Schaukel so hoch schwang, dann flog der Rock auch hoch, und wir hatten immer Angst, die Burschen könnten drunter gucken. «

Ein alter Herr ergänzt:

» Da war noch was. Der Lukas. Den mochte ich am liebsten, denn ich hatte viel Kraft. Mit einem großen, schweren Hammer musste man auf einen Pflock schlagen, dann ging ein Zeiger an einer Latte hoch. Hatte einer von uns zu viel Kraft, dann hüpfte der Zeiger auch mal oben raus, das war eine Gaudi. «

» In den Schieß- oder Wurfbunden konnte man eine Rose aus Papier schießen. Die haben wir dann stolz an die Weste gesteckt oder unserem Mädchen geschenkt, wenn man schon eines hatte. «

Die verschiedenen Vereine waren auf dem Kirchweihfest zu allen Zeiten im Einsatz. Ob es nun die Schützenvereine waren, die Wettschießspiele veranstalteten, oder der Männerchor, der mit Heimatliedern die Stimmung hob, alle waren sie da.

Auch an die Kinder wurde gedacht. Das Sackhüpfen stammt von der Kirchweihbelustigung, Wettrennen mit und ohne Schuhe, Hindernishüpfen, Teufel an der Stange und viele andere Kinderspiele, die unsere Kinder auf ihren Festen auch noch spielen, waren ein richtiges Vergnügen. Man muss sich immer wieder vor Augen halten, selbst die Kinder wurden in der Erntezeit oft bis an die Grenzen ihrer Belastbarkeit gefordert, da war die Bewegung, nur zum Spaß, wie eine Befreiung.

Bericht einer Kirchweihgängerin aus der Stadt:

» Das Sackhüpfen habe ich nie gut gekonnt, ich weiß bis heute noch nicht, wie die anderen Kinder das gemacht haben. Ich hab' entweder den Sack verloren oder ich bin drüber gestolpert und hingefallen. Für mich war das immer ein blödes Spiel. «

Ein technisch begabter Herr aus der Gruppe erklärt der 84 Jahre alten Dame die Geheimnisse des Sackhüpfens:

» Das ist ganz einfach, im Sack muss man seine Füße voreinander stellen, dann die Knie ein bisschen durchdrücken, damit genug Platz ist zum Sprung. Dann den Sack an der Taille festhalten und los geht's. «

Ich muss gestehen, so genau habe ich es auch nicht gewusst.

Wenn die Abende ab Ende September langsam dunkler werden, kommt die Laternenzeit. Früher wartete man nicht so lange, der Tag der

Heiligen Ludmila oder des Heiligen Lambertus

(14. und 17. September) war der Beginn für allerlei Laternenfeste oder Laternenumzüge. Das Basteln von hübschen Laternen ist auch in den heutigen Kindergärten ein wichtiges Herbstereignis. Mit den Müttern oder Vätern dann in der Dunkelheit eine Runde drehen und die alten Laternenlieder singen, das ist in jedem Kindergartenjahr fest verankert. „Ich geh' mit meiner Laterne, und meine Laterne geht mit mir!"

Langsam wird aus den Gärten das letzte Gemüse geerntet, im Garten bleibt nur, was einen kleinen Frost verträgt, denn in den hoch gelegenen Dörfern werden die Nächte schon empfindlich frisch.

Die Städter hatten auch ein Kirchweihfest, und wenn man wollte, war man auf dem Land auch jederzeit zu solchen Festen willkommen. Wenn der Abend kam, begann der Tanz. Zum Kirchweihtanz sind aus der Stadt die Dienstmädchen mit ihren Begleitern nur allzu gerne gekommen. Die Sitten in den Stadthäusern waren streng, hier draußen durfte man mal aus vollem Hals lachen, sich freuen und unbeschwert sein.

Mitte September wird von Franken über Bayern bis nach Tirol in den kleinen Städten ein Marktfest gefeiert, das

Dult

genannt wird. Das Wort „Dult" heißt „Fest" und stammt aus der althochdeutschen Sprache. Es ist ein Volksbelustigungsfest, mit Jahrmarkt und oft auch mit Viehmärkten verbunden. Viele Dinge werden in kleinen Buden oder Ständen zum Verkauf angeboten. Von der Töpferware bis zur selbst gemachten Marmelade oder dem Ziegenkäse ist alles zu haben. Auf der Dult findet man auch noch heute Stände mit Kleidern, Unterwäsche, Kurzwaren und Strümpfen. Für uns ist das sicher ein seltsamer Brauch, denn ein paar Häuser weiter im Städtchen sind die entsprechenden Geschäfte mit weitaus vielfältigeren Auslagen und bestimmt nicht teurer.
Wenn wir es aber im Licht der „Dult- und Jahrmarkts-Entstehungszeiten" betrachten, wird uns klar, dies war früher die Einkaufsgelegenheit schlechthin, sozusagen das „Kaufhaus der Vergangenheit". Dieses Stückchen Heimatgeschichte ist noch lebendig und wird auch rege genutzt.

Der Bratwurst-Esser

Einige Bewohner erzählen:

» Die Rostbratwürste sind nirgends so gut wie auf der Dult, man kann gar nicht genug kriegen. Ich habe mir als junger Kerl immer vorgenommen, wenn ich mal erwachsen bin und viel Geld habe, dann esse ich so viele solche Rostbratwürste, bis ich nimmer kann. «

» Bei uns war immer eine Bude, die bot Schmalzgebackenes an, das war so lecker und knusprig, da konnte man auch nicht genug kriegen. Vor allem die „Hobelspäne", dünne Teigstreifen im Fett ausgebacken und dann mit Zucker bestreut, die würde ich mal gerne wieder essen. «

Langsam neigt sich der September seinem Ende zu. Die schon empfindlich kühler und dunkler werdenden Nächte sorgen dafür, dass auch in der Stadt die Anlagen „geräumt" werden. Im Garten stehen nur noch Rosen- und Grünkohl, beide muss der „Frost geküsst" haben, wenn sie später schmecken sollen. Auch die Spätblüher, wie Chrysanthemen und Winterastern, finden sich noch.

Almabtrieb

In den gebirgigen Gegenden treibt man das Vieh von den Almen ins Tal zurück. Das ist in vielen Gemeinden heute eine Touristenattraktion (Viehscheid).

Früher war es ein Festtag für die Senner und Sennerinnen, kamen sie doch endlich wieder unter Menschen und erhielten ihren wohlverdienten Lohn. Aber der alte Aberglaube schaut auch dem mit Kamera ausgerüsteten Touristen noch über die Schulter.

Die Sennerin

Die festlich geschmückten Rinder mit ihren schweren, reich verzierten Glocken beladen, ziehen nicht für seine Kamera oder aus reiner Freude über das gelungene Almjahr so bunt an ihm vorbei, die Wurzel dieser Sitte liegt weit zurück.

Der Almabstieg runter ins Tal war nicht ganz gefahrlos, man glaubte früher, da auf dem Weg lauern die bösen Geister, die Hexen oder Unholde. Sie werfen dem, weil allzu gut genährt und fett gewordenem, Rindvieh Zauberkräfte zwischen die Beine und bringen sie zum Straucheln. Da gab es nur eins als Gegenwehr: Kräuterkränze mit Blumen und Abwehrspiegeln mussten vorne auf die Hörner, und alle bösen Absichten laufen ins Leere.

Gepflegte Tradition war, wenn alle Tiere bei ihren Besitzern im Stall standen, das folgende Fest mit einem Dankgottesdienst zu beginnen. Das sich anschließende Feiern mit gutem und reichlichem Essen und der Tanz bis in die Nacht gehören auch heute noch wie in alten Zeiten zum Ritual.

Einen Tag nach dem Michaelistag, am 29. September, endet dieser erste Herbstmonat.

Der Heilige Michael

ist der Erzengel, der den Satan mit seinen himmlischen Heerscharen bekämpfte. Im Kampf gegen alles Böse, einschließlich der Drachen und Heiden, ist er deshalb auch unentbehrlich.

Sein Ehrentag fällt mit dem großen Gerichtstag der Germanen zusammen, er, der gerechte Streiter, sorgt bis heute für alle, denen Unrecht geschieht. Er wird gerne dargestellt als Ritter mit Lanze und Schwert, und ein Drachen, Sinnbild des Bösen, liegt besiegt unter seinen Füßen. Schutzpatron ist er für die Kaufleute und für eine Reihe von Handwerkern. Er soll auch Sterbenden, Armen und Gefährdeten Hilfestellung leisten.

Michaelis ist der Tag, ab dem die Handwerker wieder mit Licht arbeiten dürfen.
„Michel, Michel, guter Mann.
Ach zünd mir ein Lichtlein an,
es ist doch schon höchste Zeit,
weil die Arbeit sonst so leid."

Eine Bewohnerin, Tochter eine Familie mit vierzehn Töchtern, erinnerte sich an den Spruch. Dass der Vater, ein einfacher Handwerker, alle Hände voll zutun hatte, um diesen Frauensegen in seinem Haus satt zu bekommen, kann man sich gut vorstellen. Er sparte, wo immer es ging, und das Licht war eines dieser Sparmöglichkeiten:

» Ich erinnere mich, meine Schwester musste mal an Vaters Jacke einen Knopf hinnähen. Er wollte zum Gesangverein und hatte gerade gemerkt, dass der Knopf nur noch lose hing. Die Rosa (Schwester) wollte Licht machen, damit sie die Arbeit besser sehen konnte, der Vater hat es nicht erlaubt, weil noch nicht Michaelstag war. Er sagte nur: „Geh ans Fenster und mach' deine Augen auf, dann passt es schon." Da hat die Rosa sich in den Finger gestochen und ein Tropfen Blut ist auf die Jacke gefallen. Der Vater hat geschimpft, denn er hat immer gesagt: „Arm sein ist keine Schande, aber dreckig sein muss keiner, der liebe Gott hat uns ja das Wasser geschenkt". «

In manchen Gegenden hat man ein Michaelsfeuer gemacht, auch Zeichen dafür, dass man jetzt wieder ein künstliches Licht braucht.

Dazu ein Bewohner:

» Die holzigen Gartenabfälle haben wir beim Gartenabräumen immer extra gelegt. Daraus machte man das Michelsfeuer und am anderen Tag die Asche auf die Beete verteilt. Das ist ein guter Dünger. «

Zeitplan für den September
Themenvorschläge

1. Woche
- Namen erklären. Wie hieß der Monat noch?
- Geschichte erzählen vom Heiligen Ägidius.

Die Kartoffelernte beginnt:
- Welche Geräte, welche Wagen, Körbe.
- Wer tut was.
- Der Bauer, die Frauen, die Kinder?
- Wie kamen sie nach Hause?

2. Woche

Gartenarbeit in Stadt und Land im September:
- Apfel und Birnenernte.
- Was braucht man dazu?
- Zwetschgen, wie verarbeitet?
- Welche alten Apfelsorten gibt es?
- Wie und wo werden Äpfel und Birnen gelagert?

3. Woche
- Kirchweihfeste.
- Gebräuche.
- Vorbereitungen, Spezialitäten.
- Essen, Schlachten und Wursten.
- Tanz für die Erwachsenen.
- Spiele für die Kinder.

4. Woche
- Almabtrieb, Viehscheid.
- Garten räumen.
- Laternen tragen oder bauen.
- Vielleicht mit den Bewohnern einfache herstellen.
- Der Jahrmarkt.
- St. Michael.

OKTOBER

Der Oktober

Der Oktober

Er ist der zehnte Monat im Jahreskreis. Sein Name hat seine Wurzel im Lateinischen, da er bei den Römern der achte Monat war und octo = acht bedeutet. Früher wurde er noch mit den Namen „Weinmond" oder „Gilbmond" benannt, die Weinernte ist in diesem Monat fällig und die Blätter an den Bäumen werden gelb.

Der Blaue Montag

Außer dem „Blaumachen" ist diese Sitte in Handwerkerkreisen aus der Mode gekommen. Am ersten Montag, nach Michaeli, wenn nun morgens wieder mit Licht gearbeitet werden durfte, bekamen die Gesellen zur Feier des neuen Zeitabschnitts von ihren Meistern in Bayern eine Weißwurstbrotzeit. In anderen Flecken des Landes bekamen sie früher frei, wenn auch oft nur eine Stunde.

Ein Bayer, der in Württemberg im Heim gelandet ist, erinnert sich:

» Ich hab Schlosser gelernt bei einem Meister in München. Am Blauen Montag hat unser Meister sich von der spendablen Seite gezeigt. Jeder hat Punkt zehn Uhr eine Brezel gekriegt und ein Paar Weißwürste, nicht nur eine, wie anderswo. Am Abend hat er gesagt: „Eigentlich hättet ihr ja nach alter Sitte heut' gar nicht arbeiten brauchen, aber da wir soviel Arbeit haben, kann ich mir das nicht leisten. Eine Stunde früher könnt ihr aber jetzt gehen und zum Ausgleich kriegt jeder ein Maß Bier." Mei, er war halt ein herzensguter Kerl, auch wenn er ab und zu gebrüllt hat wie ein Ochse. «

Das Münchner Oktoberfest

Für die Münchner ist das die fünfte Jahreszeit, so wie der Karneval für die Mainzer, Kölner oder Düsseldorfer. Es heißt zwar Oktoberfest, ist aber immer mit dem ersten Sonntag im Oktober zu Ende. Es ist nicht nur ein Fest der Münchner, die Menschen kommen von weit her, aus Amerika und Japan sogar, um dieses vierzehn Tage andauernde Spektakel einmal mitzuerleben.

Gefeiert wird es zur Erinnerung an die Hochzeit des Kronprinzen Ludwig I. mit der Prinzessin Therese von Sachsen-Hildburghausen. Die Münchner machten für die ganze Stadt ein Freudenfest daraus und zur Erinnerung (und weil es Spaß macht) feiert man es noch heute. Der Ort war damals schon die „Theresienwiese", nach der Braut benannt, und daran hat sich nichts geändert. Die Münchner hängen an Traditionen und pflegen sie sehr. Das Fest dürfte das größte Volksfest sein, in jedem Fall aber das bekannteste.

Ein alter Schwabe meldet sich. Er kann die Superlative nicht gut verkraften, die dem Oktoberfest am Tisch gewidmet werden.

» Wir haben auch ein großes Volksfest in Württemberg, das steht dem Münchner in nichts nach. Ich meine den „Cannstatter Wasen". «

Seine Nebensitzerin pflichtet ihm bei:

» Das ist sogar noch besser. Erstens ist es nicht so weit weg, und zweitens muss man kein Dirndl anziehen, wenn man hin will. «

Nur zur Erklärung: Dirndlzwang gab es und gibt es nicht auf dem Oktoberfest. Zu früheren Zeiten hatten die Bayern ein Dirndl oder einen Trachtenanzug als Festtagsgewand und das zog man immer an, wenn man zu einem Fest ging.
   Noch heute tragen die Bayern durch alle Berufsschichten wie kein anderer Volksstamm ganz offiziell und gerne ihre kleidsame Tracht und das mit einer beneidenswerten Selbstverständlichkeit und natürlichem Stolz.

Wer so richtig dazugehören will, auf dem Oktoberfest als „Einheimischer" gelten möchte, kauft sich für diesen Tag ein Dirndl oder, die männliche Version, Lederhosen und einen Gamsbart-Hut. Vor allem Amerikaner freuen sich alljährlich über diese Möglichkeit.

Am 4. Oktober feiern wir den Tag des

Heiligen Franz von Assisi

Fast jedes Kind kennt seine Geschichte. Er war der Sohn reicher Eltern und galt in ganz Assisi als Tunichtgut, der es so weit trieb, dass man ihn aus dem Verkehr zog. Er wurde eingesperrt. Da begann er, über sein Leben nachzudenken, sein Wandel vom ungeratenen Herumtreiber zum späteren Heiligen begann. Als er seine Strafe abgesessen hatte, verschenkte er zum großen Ärger seiner Eltern sein ganzes Hab und Gut. Von nun an wollte er, wie ein Jünger Jesu, nur noch in Armut und mit den Armen leben.

Der heilige Franz von Assisi

Der Legende nach konnte er mit den Tieren reden. In jedem Fall war er einer der Ersten, der alle Tiere als Geschöpfe Gottes sah und respektierte. Sein Gesang an die Sonne ist weltbekannt. Er ist der Gründer des Franziskanerordens, der noch heute in der Arbeit am Nächsten tätig ist.

Zur Belehrung der Armen und ungebildeten Landbevölkerung hat er die erste Weihnachtskrippe gebaut. Franziskus wusste, dass jegliches Geschehen nicht nur über das Wort, sondern vor allem über das Bild aufgenommen und verarbeitet wird. In der Arbeit mit demenziell Erkrankten könnten wir auch da von ihm lernen.

Es dürfte keine Rolle spielen, ob ein Heim katholisch, evangelisch oder andersgläubig geführt wird, am 4. Oktober sollten wir diesem Heiligen oder bedeutenden Menschen einige Gedanken widmen.

Das Erntedankfest

Für gewöhnlich ist der erste Sonntag im Oktober das Fest, an dem man Gott für die Ernte dankt. Es mag immer wieder auch magere Jahre gegeben haben, in denen die Ernte nicht so üppig ausgefallen ist, trotzdem gab es Grund zum Dank.

Die Landwirte der alten Zeit betrieben nie eine Monokultur. Sie hatten von allem etwas auf dem Feld und im Stall. Man konnte sich, da man ja vom Wetter abhängig war, nie darauf verlassen, ob nicht ein Spätfrost dem empfindlichen Weizen schadete, zu große Hitze den Roggen verdorren lies. Wenn man von allem etwas hatte, blieb immer einiges für den Winter über.

Ganz ohne Sorgen können auch die derzeitigen Bauern ihre Spezialisierungen, nur Rinderzucht, nur Schweinemast, nicht betreiben. Eine Seuche wie der Rinder-Wahnsinn hat manchen in ernste Schwierigkeiten gebracht. Da es früher für solche Ausfälle keinerlei Absicherung gab, blieb nichts anders übrig, als sich durch Vielseitigkeit zu schützen.

Das Erntedankfest wird in Stadt und Land gleichermaßen gefeiert.

Der Beginn ist immer ein Dankgottesdienst in der Kirche. Überall im Land werden die Altäre mit den Früchten des Feldes, mit Gemüse, Obst, Brotlaiben, Weinkrügen und Blumen geschmückt. So zusammengetragen sieht auch der Städter, was das Jahr an Ernte gebracht und wie groß die Arbeit des Bauern war. Es ist, wenn man so will, ein Rechenschaftsbericht in Naturalien, der abgesegnet werden soll.

Der Erntekranz

Fleißige Mädchen und Frauenhände haben am Tag vor dem Erntedankfest den Erntekranz aus allen Kornsorten geflochten und in der Scheune oder auf der Tenne aufgehängt. Er war so groß wie ein Wagenrad und der unerlässliche Schmuck, unter dem am Abend, oft schon am Nachmittag, der Erntetanz stattfand.

In manchen Landstrichen hängt ein Erntekranz oder eine Erntekrone auch über dem Altar im Gotteshaus. Dieser geweihte Schmuck bleibt dort hängen, bis er vom Adventskranz abgelöst wird. Alles, was bisher über den Kranz gesagt wurde, gilt auch hier. Überall wird mit einem ausführlichen guten Essen der Ernte gedacht, alle Lustbarkeiten, die schon zu den Kirchweihfesten eingeübt wurden, treffen wir hier wieder.

Ab jetzt gehen die Uhren auf dem Hof scheinbar etwas anders, langsamer, denn mit dem Erntedankfest ist das bäuerliche Arbeitsjahr beendet. Das bedeutet beileibe nicht, dass nun alle Bauern nichts mehr zu tun hätten, nein, aber das, was wir so unter Stress verstehen, die Sorge, ob das Wetter beim Einbringen aller Früchte mitspielt usw., ist ausgestanden.

Ein Mann aus der Stadt berichtet:

» Mein Onkel war Kaufmann. Er hatte ein Schuhgeschäft. Nach dem Erntedankfest hatten alle Bauern Geld und da konnten sie auch Schuhe kaufen. Ganze Familien kamen in das kleine Städtchen, und das älteste Kind oder das mit den größten Füßen bekam ein Paar Stiefel. Die Frau brauchte auch ein Paar, in einem Jahr Stiefel, im anderen Halbschuhe. Wenn die Ernte gut war, bekamen auch der Bauer und die Knechte oder Mägde ein Paar. Das war aber gar nicht selbstverständlich, solange die alten Schuhe noch zu besohlen waren oder geflickt werden konnten, wurde diese Ausgabe eingespart. «

Der 7. Oktober ist für alle strenggläubigen Katholiken der

Tag des Rosenkranzes.

Zurück geht die Geschichte auf einen Sieg über die Türken am 7. Oktober 1571. Die Türken, die in jenen Jahren den ganzen Westen bedrohten, wurden mit Hilfe der Rosenkranzgebete geschlagen, davon war man fest überzeugt.

Papst Gregor XIII. setzte diesen Tag als Gedenktag ein. Bis zum heutigen Tag wird der Rosenkranzhilfe am siebten Oktober gedacht, vor allem bei den Benediktinern und vielen Klosterfrauen oder Mönchsorden.

Obwohl der Oktober schon zeigt, dass der Winter nicht mehr allzu weit ist, und die ersten Nachtfröste auftreten, kann er noch mit herrlichen Tagen voll Sonne und Wärme aufwarten. Dann freut man sich über den **Goldenen Oktober**, der angenehme noch nebelfreie Sonnentage, besonders in den Bergen, beschert. Die große Hitze ist vorbei, der Herbst hat das Zepter übernommen.

In den Zweigen, in Ecken und an Fensterrahmen sitzt der Tau auf den Spinnweben und glitzert in der Sonne. Das erinnert an die schön silbern glänzenden Haare alter Damen. Manchmal reißt sich so ein zartes Gespinst los und fliegt, vom Herbstwind in einzelnen Fäden aufgeteilt, lautlos durch die Luft. Oder eine kleine Spinne läßt sich am Faden davontreiben. Dann ist jedem Spaziergänger oder Wanderer klar, es ist Oktober, der **Altweibersommer** fliegt.

Auf dem Land haben die Kinder in den Oktobertagen früher noch eine wichtige Arbeit zu erledigen gehabt. Sie mussten die Kühe hüten. Wenn es keine Herbstferien gab, sind die Kinder mit dem Rindvieh gleich nach der Schule auf die Wiesen gezogen, jeden Tag auf eine andere. Der zweite Grasschnitt, in manchen Gegenden „Ömt" genannt, gibt ein sehr kurzes und wenig nahrhaftes Heu, trotzdem wurde es eingebracht. Jetzt in den warmen Herbsttagen ist so manches Hälmchen nachgewachsen, aber für einen Schnitt ist das nicht genug. Man treibt deshalb das Rindvieh auf die Wiesen zur Selbstbedienung.

Eingezäunte Weiden (Hutweiden), gar mit Elektrozaun, kannte man kaum, aber man hatte ja Kinder. Die eigneten sich hervorragend als Hütepersonal, denn die Kühe durften nur auf den eigenen Wiesen fressen. Die Hütejungen und Mädchen waren dafür verantwortlich, dass diese Grenzen eingehalten wurden. Wollte eine Kuh bei Nachbars sich mal ein Maulvoll saftiges Gras holen, kam eines der Kinder und trieb sie zurück. Dazu hatten sie eine Peitsche, die aber so gut wie nie benützt werden musste. Kühe sind friedliche Tiere.

Dort auf der Wiese war es den Kindern oft sehr langweilig. Es gab so einiges, was man spielen konnte, und oft hat man darüber sogar seine Hütepflicht vergessen.

Teufel an der Kette

Die Peitsche wird mit ihrem Stiel in die Erde gerammt. Ein Kind wird mit den beliebten Auszählreimen ausgewählt und muss den Teufel spielen. Seine „Kette" ist die Peitschenschnur, die er mit dem Schnurende an sein Handgelenk gebunden bekommt. Der Radius der Peitschenschnur ist sein Bewegungsraum und nennt sich „Leben". Die anderen Kinder wollen alle in den Himmel. Der liegt aber außerhalb des Kreises auf der andern Seite. Er wird zu Beginn des Spiels mit abgerupftem Gras genau gekennzeichnet. Wie in der Realität bewegt sich der Teufel durch das ganze „Leben" und fängt seine Opfer, denn nur durch den Lebensraum kann man in den Himmel kommen. Jedes gefangene Kind muss ganz dicht am Peitschenstiel kauern bleiben, bis der Teufel alle gefangen hat und mit in seine Hölle nimmt.

Das Spiel so oder abgewandelt haben alle Hütekinder gespielt. War es doch auch so ein klein wenig schaurig-schön, vor allem, wenn auf der Wiese schon der Herbstnebel aufstieg. Hatte man das Glück, die Hütewiese neben einem abgeernteten Kartoffelfeld zu haben, war von Langeweile keine Spur mehr.

Kartoffelfeuer

Trockene Kartoffelkrautstängel, die der Bauer bei der Ernte liegen ließ, alle übersehenen Kartoffeln werden zur Wiese getragen. Das Kraut muss so aufgeschichtet werden, dass sich ein schönes Feuerchen entwickeln kann, denn ein richtiger Junge hatte schon damals immer ein Streichholz in den unergründlichen Hosentaschen. Kräftig nachlegen muss man mit dem Kartoffelkraut, damit sich ein Berg Glut (wie beim Grillen heute) entwickeln kann. Da hinein wirft man die Kartoffeln, und wenn man schlau ist, steckt man einen großen Nagel in der Mitte durch, dann werden sie schneller gar. Die verkohlte Pelle muss natürlich abgezogen werden, was nicht immer angenehm ist (für andere die Kartoffeln aus dem Feuer holen!), aber die Kartoffeln schmecken großartig.

Das Kartoffelfeuer

Eine Bewohnerin berichtet:

» Wir hatten gar keinen Bauernhof, aber ich bin auf einem Dorf groß geworden. Das Kühehüten habe ich mir nie entgehen lassen, man konnte so richtige, wilde Spiele machen und toben nach Herzenslust, keiner hat gesagt, man solle leiser sein, nicht so viel herum rasen und so. Wenn wir gar zu wild wurden, haben sich die Kühe schon mal umgedreht, aber wir haben nie auf ihrem Weidegrund getobt, immer auf einem Nachbargrundstück. Sonst fressen die Rindviecher nicht und das hätte Ärger gegeben. «

Im Oktober ist der letzte Termin, um Eier in Wasserglas einzulegen. Früher hatten die Hühner ihre Hauptlegesaison im Sommer (April-Juni). Da waren die Eier dann billig, während sie in den Wintermonaten im Preis sehr stark angezogen haben. Städterinnen, die sparsam wirtschaften mussten, haben deshalb vorgesorgt und Eier in Wasserglas haltbar gemacht. Hatten sie versäumt, im rechtzeitigen Jahresabschnitt unentbehrlichen Vorrat, z. B. für die Weihnachtsbäckerei, anzulegen, war jetzt die letzte Möglichkeit. Eier kosteten ab November oft das Doppelte vom Frühjahrespreis, und eine sparsame Hausfrau wusste das klug zu umgehen.

Für die Haltbarmachung in Wasserglas braucht man ganz frische und saubere Eier. Die Hausfrauen aus der Stadt besuchte deshalb gerne eine Bäuerin auf dem Wochenmarkt, der sie aus Erfahrung vertrauen konnten.
Wasserglas ist kieselsaueres Natrium, das mit dem Kalk der Eierschale gallertartig erstarrt verkürzt dargestellt. Die zuvor wasserklare Flüssigkeit wird durch eine chemische Reaktion zu einem dicklichen, weißen Brei, in dem die Eier monatelang zum Kochen und Backen verwendbar bleiben. Kinder benutzten Wasserglas zum Lackieren ihrer kleinen Papier-Basteleien.

Ganz aufgeregt schaltet sich eine Dame ein:

» Ganz so einfach war das nicht. Jedes Ei musste genau geprüft werden, ob es frisch und ganz ist, sonst hat ein schlechtes Ei den ganzen Vorrat verdorben. «

Die Nachbarin dazu:

» Wichtig war das Waschen mit nassem Salz. Dann hat man immer zwei Eier vorsichtig an der Spitze gegeneinander geklopft. Man hört da genau, ob die Eierschale ganz ist. Dann muss man die Eier prüfen, ob sie wirklich frisch sind. Dazu braucht man ein großes Glas mit einer starken Salzlösung. Da legt man nun Ei nach Ei hinein und schaut, ob sie untergehen. Wenn sie auf den Glasboden sinken, sind sie frisch, wenn sie oben bleiben oder so halb herum schwimmen, tut man sie zur Seite. «

Wieder die Frau aus der Stadt:

» Ich hatte sogar nach dem Weltkrieg noch meine Eier im Wasserglas. Allerdings gab es da auch schon ein moderneres Mittel, das hieß Garantol, das war besser und einfacher. Ich hatte ein großes, braunes Steingutfass, und da lagen im Herbst immer mindestens einhundert Eier drinnen. «

Ein ehemaliges Dienstmädchen:

» Ich weiß es noch ganz genau, denn das hab ich dreißig Jahre lang bei meiner Herrschaft gemacht. Das Steingutfässchen stellt man in den Keller und füllt unten 3 cm sauber gewaschenen Sand hinein. Darein stellt man die Eier mit der Spitze nach unten, denn am runden Ende haben sie ja ihre Luftblase. Dann rührt man das Wasserglas mit frischem Wasser ganz glatt. Man braucht für einhundert Eier einen Liter Wasserglas und zehn Liter Wasser. Das reicht auch für eine große Familie für das Weihnachtsfest. «

Eine andere Gruppe erinnerte sich an eine Zeit, die in keiner Familie, ob Stadt oder Land, eine gute Erinnerung hinterlassen hat.

Angesprochen auf die letzten Jahre und die Hungerzeit nach dem zweiten Weltkrieg fiel so mancher Stadthausfrau wieder ein, wie sparsam man damals lebte und mit welchen einfachen, alten Rezepten sie ihre Familien ernährten. Eines davon möchte ich hier erwähnen, denn heute kaufen wir den Rübensirup fertig in praktischen Packungen und betrachten ihn schon wie eine Spezialität. Damals war er oft der einzige Brotaufstrich, den die Städterinnen ihren Familien geben konnten.

Eine Flüchtlingsfrau aus Schlesien:

» Wir sind mit dem Kinderwagen aufs Land gefahren und haben nach der Rübenernte dem Bauern Rüben abgekauft, ach was, getauscht haben wir. Wir hatten durch die Flucht fast nichts mitgebracht, aber ich konnte klöppeln und hatte noch etwas Garn. Da habe ich Spitzen von geklöppelt und dafür einen Sack voll Zuckerrüben bekommen. «

Eine Arbeitsfrau, Kriegerwitwe mit drei Kindern:

» Das haben wir auch im Frieden gemacht, Sirup meine ich, ich weiß auch noch genau, wie das geht. Die Rüben muss man ganz sauber schrubben, klein schneiden und in einen großen Topf geben. Gleichviel Wasser wie Rüben einfüllen, also wenn man 5 kg Rüben hat, braucht man 5 Liter Wasser. Das muss jetzt kochen, aber die Rüben dürfen nicht verkochen, sonst ist der Sirup nachher trübe. «

Ihr Gegenüber ergänzt:

» Wenn alles schön ausgekocht ist, lässt man den Topf über Nacht stehen. Am nächsten Morgen kann man durch ein Tuch absieben und den Saft in einem Topf eindicken lassen, dabei muss man immer rühren, sonst brennt der Sirup an. Man braucht halt keinen Zucker, das war wichtig. «

Ein schüchternes Frauchen, das bisher kein Wort gesprochen hat, meldet sich und meint:

» Ich weiß auch noch was Gutes, das kennt man fast nicht mehr. Das hat man nur in der Stadt gemacht: **Grüne Walnüsse in Essig und Zucker.** Da muss man fünfzig schöne, grüne Walnüsse dann vom Baum pflücken, wenn sie innen noch ganz weich sind. Sie müssen sauber gewaschen werden, dann kocht man sie fünf Minuten gut auf und lässt sie auf einem Sieb abtropfen. In jede Nuss werden ein paar Stückchen Zimtschale und eine Nelke gesteckt. 1/8 Liter Wasser muss man mit einem ¼ Liter Weinessig und 1½ Pfund Zucker vermengen, einige Stückchen Zimtstange und etwa 10 Nelken dazugeben, so lange kochen, bis sich eine dicklich Soße gebildet hat. Die gießt man dann noch warm über die Nüsse, die man in einen Topf geschichtet hat. Zwei Tage ziehen lassen, die Flüssigkeit abgießen und nochmals aufkochen und übergießen. Jetzt werden die Nüsse in der Lösung so lange gekocht, bis sie weich sind, dann in Gläser gefüllt und zugebunden. So etwas Gutes gibt es nur zu Weihnachten. Die müssen in den Gläsern auch reifen, mindesten ein halbes Jahr, besser sind sie aber am Weihnachtsfest darauf. Man reicht sie zu allen Fleischgerichten, natürlich auch zur Gans. «

Ich möchte hier anmerken, das Rezept haben wir nur mit Hilfe der Tochter und dem alten Kochbuch der Mutter herausbekommen. Es war mir die Mühe aber wert. Die Walnüsse so eingelegt, sind eine Delikatesse.

Bevor wir die Oktoberküche verlassen, noch ein paar Worte zu dem alten und sicherlich Vitamine nicht schonendem Zubereiten vom althergebrachten

Zwetschgenmus.

Es ist zuckersparend zubereitet worden, war tiefblau, fast schwarz nach seiner Fertigstellung und hatte einen unnachahmlichen Geschmack. Es ist aus den Küchen und Kochbüchern verschwunden. Die alten Damen im Pflegeheim erinnerten sich aber sehr genau. Eine Frau, die in der Stadt lebte, aber ein Grundstück mit einem großen Zwetschgenbaum bewirtschaften durfte, ihr Eigentum war es nicht, erzählt:

» In manchen Jahren, da gab es soviel Zwetschgen, da wusste man bald nicht mehr wohin damit. «

Ihr Nebensitzer hat einen guten Vorschlag für dieses Problem:

» Schnaps brennen lassen, wenn der Segen übermächtig wird. «

Die Dame überhört den Einwurf geflissentlich und fährt fort:

» Wir haben uns den teuren Zucker gar nicht leisten können, da haben wir das Zwetschenmus so gemacht, wie schon meine Großmutter. Auf 2 Pfund Zwetschgen nur 40 g Zucker, alles durch den Fleischwolf drehen und auf dem Herd, der bei uns immer warm war, zum Kochen bringen. Dann einfach vor sich hinköcheln lassen, bis es dick war. Das hat viele Stunden gedauert, aber das Geschmäckle! Das, was sie heute Zwetschgenmus nennen, kann da nicht mit. «

Sie hat recht, auch ich kenne diesen Brotaufstrich noch aus Uromas Küche.

In obstreichen Jahren gab es noch als Alternative das

Dörrobst.

Gerade die Städterinnen versorgten sich vor der kalten Jahreszeit damit. Zwetschgen, aber auch Birnen oder Äpfel wurden im eigenen Backofen gerne getrocknet, denn dazu brauchte es keine große Hitze. Im Winter mit Wasser zu Kompott verkocht, haben sie mit Süßspeisen ein gutes Mahl abgegeben. Das Hutzel oder Früchtebrot zur Weihnachtszeit ist ohne Dörrobst einfach nicht denkbar.

Eine Stadtfrau erzählt ihre Version:

» Wir hatten keinen Dörrapparat, wie die Jungen heute. Wir haben das im Backofen gemacht. Das Obst schön auf ein Gitter gelegt und den Backofen nur ganz schwach geheizt, dann die Türe nicht ganz zugemacht, einfach einen Kochlöffel dazwischen gesteckt. Man muss immer mal kontrollieren, das Obst auch wenden, sonst wird das Dörrgut steintrocken und zäh. Der richtige Zeitpunkt zum Herausnehmen? Das ist Erfahrungssache. «

Wieder einige Berichte aus einem Dörfchen in der Nähe der Stadt, das heute längst Vorstadtgebiet ist:

» Apfel habe ich gerne an der Luft getrocknet. Dazu muss man die Äpfel mit oder ohne Schale in Ringe schneiden, nicht zu dick, sonst schrumpeln sie so sehr. Man fädelt sie auf einen Bindfaden und macht hinter jeder Scheibe mit Hilfe einer Stricknadel einen Knoten, so wie man Perlen auffädelt. Dadurch können die Scheiben sich nicht berühren, es kommt schön Luft dazwischen, und die Oktobersonne trocknet sie langsam, da bleibt die Form auch schön erhalten. «

» Zwiebeln hatten wir viele im Garten. Wenn sie reif sind, ist ihr langes Laub welk. Damit kann man schöne Zwiebelzöpfe flechten, immer reihum, dann trocknen sie auch an der Luft und halten bis zum Frühjahr. «

Die italienische Heimbewohnerin erzählt:

» Wir haben Tomatenmark auf den Hausdächern gemacht, auch einfach nur getrocknet. Die schönen roten, dicken Fleischtomaten werden gehäutet, entkernt und zu Mus gekocht. Dann füllt man das in Holzkästen und stellt es auf das Hausdach in die pralle Sonne. Mit einem Schaber wird es gewendet, so lange, bis es keine Flüssigkeit mehr hat. Es ist dann ein richtig fester Klumpen. Den drückt man in eine Form, und beim Kochen schneidet man sich immer soviel ab, wie man braucht. «

Die Bewohner waren sprachlos. Da fragt eine praktische, sehr behäbige Bäuerin:

» Wer klettert denn da immer rauf, um das Mark zu wenden? «

Sie erwidert:

» Keiner, wir haben Flachdächer auf unseren Häusern oder zumindest einen Dachgarten, für die lauen Sommernächte. «

Ein Heiliger, uns allen aus der wohl schönsten Weihnachtsgeschichte der Welt bekannt, hat am 18. Oktober seinen Gedenktag.

Der Heilige Lukas

Eigentlich war er ein Heide, ein gebildeter zwar, denn er war Arzt. Erst durch Paulus, den er viele Jahre auf seinen Missionsreisen begleitet hat, wandelte sich sein Sinn. Die neuere Wissenschaft streitet noch, ob er auch der Lukas ist, der das dritte Evangelium nach den Berichten von Paulus und seinen Freunden geschrieben hat. Auch die bisher vertretene Ansicht, er sei der Mutter Gottes Maler, wird angezweifelt. Sei es wie es wolle, für die Heimbewohner wird er immer der sein, der er bisher war.

Dargestellt wird er gerne mit dem Stier, dem Apostelbuch oder der Staffelei. Er ist der Patron der Ärzte, der Künstler und Notare, um nur einige zu nennen. Seinen Beistand erbitten Christen bei allen Erkrankungen der Menschen und der Tiere.

Die Walnüsse

sind im Oktober reif zur Ernte. Ihr Einbringen war nie mit großen Gefahren verbunden, denn die Walnüsse werden von den Bäumen geschlagen, die meisten fallen aber von selbst ab und brauchen dann nur aufgelesen zu werden.

Ein Heimbewohner erzählt:

» In unserem Garten stand ein großer Walnussbaum. Wenn im Oktober die Nüsse vom Baum fielen, waren wir als Kinder immer draußen und haben eifrig gesucht. Die Mutter hat das auch zugelassen, dafür mussten wir aber bei der Nussernte die grünen Schalen abmachen. Man hat sie dazu nur ein paar Tage liegen lassen, sonst werden sie braun und oft matschig, dann gehen sie auch gar nicht gut mehr ab und die braunen Schalen werden schmutzig von dem Zeug. Die Schalen hat man nicht weggeworfen, die hat die Mutter zum Färben der Schafwolle benutzt. Hat eine schöne braune Farbe ergeben. «

Aus Übersee ist eine Sitte zu uns herüber geschwappt, die wir früher nicht kannten und mit der unsere Heimbewohner nicht viel verbinden. Am 31. Oktober feiern die Amerikaner ihr

Halloween Fest.

Das Wort „Halloween" ist gar nicht so amerikanisch, es stammt aus grauer Vorzeit und bedeutet „Heilig". Halloween ist der Vorabend zum 1. November, dem Allerheiligenfest. Das Gemisch aus christlichen und heidnischen Gebräuchen zog einst mit der Auswandererwelle nach Amerika, denn was an diesem Abend dort abläuft, ist nichts anders als der alte, bekannte Abwehrzauber gegen alles Böse.

Kinder und Erwachsene verkleiden sich so scheußlich wie möglich und erschrecken sich gegenseitig. Man rennt durch die Straßen, sammelt Geld oder kleine Gaben bei den Nachbarn und Fremden, was einem Ablasspfennig oder Freikaufen gleichkommt. Überall erzählt man sich möglichst schaurige Gespenstergeschichten oder trifft sich zum Tanz und üppigem Essen. In jedem Fall gehört **der Kürbis** dazu. Dieser, wie auch Runkelrüben, wurde schon seit eh und je von Kindern ausgehöhlt und mit einer geschnitzten Grimasse versehen, die durch Kerzenlicht gespenstisch erleuchtet wurde. Er droht, zu einem Kopf mit grässlicher Fratze verwandelt, vor der Haustüre, im Garten oder auf dem Fensterbrett. Aus dem Kürbisfleisch kocht die amerikanische Mum eine leckere Kürbissuppe.

In den letzten Jahren wurde das Halloween Fest auch bei uns ein Begriff. Der Kürbis, lange Zeit ein Stiefkind in unserer Küche, ist sogar in die Feinschmeckerlokale eingezogen und findet immer mehr Anhänger. Zierkürbisse sind seit längerem beliebte, hübsche Dekorationen, die die Zeit zwischen Herbst und Advent, wenn der Blumenschmuck nachlässt, ansehnlich hübsch und bunt gestalten.

Die Tage werden andauernd kürzer. Die letzten „Goldenen Oktobertage" nützten die Frauen in der Stadt und auf dem Land, um nochmals alles zu waschen, was draußen von der milden Oktobersonne schnell getrocknet werden konnte.

Ein günstiger Moment, um das

Wäsche waschen damals

genauer zu betrachten. Ich möchte dabei alle Bewohnerinnen zu Wort kommen lassen, denn das war ihr Leben.

Eine **typische Waschküche** war ausgerüstet mit:
Einem großen Waschkessel mit Feuermöglichkeit unten. Einem mächtigen Waschtisch aus Holz mit Wasserablaufrinne an den beiden langen Seiten. Waschböcke, gekreuzte, dicke Holzlatten auf Beinen, auf die man kleinere Holz- oder Zinkwannen stellen konnte, damit man beim Reiben der Wäsche (auf dem Rubbelbrett, heute gerne als Musikinstrument von jungen Leuten verwendet) sich nicht so bücken musste. Ovale Wannen in verschiedenen Größen aus Zink oder Holzbottiche.

Die **Waschhilfegeräte:**
Große Wäschezange, großer Waschkochlöffel, ein Saugstampfer, ein Wasserschöpfer aus Holz oder auch schon aus Zink, Waschbürsten, ein Ständer für Waschmittel und Seifen, Wäscheleine auf der Spindel, Gummischürze und Waschküchengaloschen, Waschkörbe und Wäscheklammern mit Klammerschürze.

Die Waschküche

Am Montag war im ganzen Land Waschtag. Begonnen hat die Arbeit aber schon nach dem Abendbrot am Sonntagabend.

» Also, zuerst musste man alles sortieren: Kochwäsche zu Kochwäsche, blaue Handwerkeranzüge und die Schürzen und besonders dreckige Handtücher. Die Wollsachen und die feine Wäsche, wie kunstseidene Unterwäsche, Zierdeckchen, alles auf Extra-Häufchen. Das hat meist die Hausfrau gemacht mit ihrer ältesten Tochter, denn die sollte es ja lernen. «

» Bevor man die Waschküche verließ, wurde noch das Feuermaterial unten im Kessel eingerichtet und die Burschen angehalten, genügend Holz zum Nachlegen aus dem Schuppen zu holen. «

Da es bis weit nach dem zweiten Weltkrieg absolut nicht selbstverständlich war, dass jedes Dorf an die Wasserleitung angeschlossen war, mussten die Jungen in der Familie für das Waschwasser sorgen. Meist gab es einen eigenen Brunnen im Hof, manche Frauen berichten aber auch vom Dorfbrunnen. Das war besonders mühsam, denn Eimer um Eimer wurde zuerst hoch gepumpt und dann zum Waschhaus oder in die Waschküche geschleppt.
 Kein Wunder, dass noch frühere Generationen gerne an einem fließenden Gewässer gewaschen haben. Der Nachteil war da nur, dieses Wasser war immer kalt, und mancher Schmutz löst sich in warmem Wasser einfach besser. Das herbeigeschaffte Wasser wurde in große, fest einbetonierte Bottiche in der Waschküchenecke geschüttet und der Betrieb konnte beginnen.

» Es war eine große Arbeitserleichterung, als bei uns auf dem Dorf die Wasserleitung kam. «

Dann hat man eingeweicht:

» In großen Zink- oder Holzwannen wurde die Kochwäsche, alles Weiße aus Leinen oder Baumwolle, also Bett und Tischwäsche, einfache Unterwäsche, Handtücher in kaltes Wasser eingeweicht. «

» Die Firma Henkel gab es schon. Sie produzierte Waschmittel, und wer es sich leisten konnte, kaufte „Henko" zum Einweichen. Eine etwas billigere Alternative war „Burnus". Wer sehr sparen wollte oder musste, griff auf ein uraltes schmutz- und fettlösendes Mittel zurück, den Urin. «

Wörtlicher Bericht einer fast Hundertjährigen:

» Am Sonntag ab Mittag haben wir unsere Rolle (Urin) in der Waschküche in einen Eimer machen dürfen, damit hat die Mutter dann eingeweicht. Zuerst die Weißwäsche und dann noch die Blauwäsche (Arbeitsanzüge und Schürzen). «

» Am Montag früh mit dem Hahnenschrei, in der Stadt sagte man „vor dem Wecken", begann die unglaublich anstrengende, schweißtreibende Arbeit. Mit dem Saugstampfer walkte man die ganze Wäsche in der Wanne gründlich durch. Das war wirkungsvoll, denn der Stampfer saugte mit dem Wasser auch den Schmutz aus den Wäschestücken. Dann wurden die Teile lose ausgewrungen und in das kalte Wasser im Kessel gelegt. Unter dem Kessel wurde jetzt das Feuer angezündet. In den Kessel, mit „Persil" oder „Henkomat"-Wasser kamen aber nur die Teile, die zwar schmutzig waren, aber keine Flecken hatten. Auf dem Waschtisch wurden mit Kernseife oder bei Fettflecken auch mit Gallseife die Tischtücher oder Handtücher eingebürstet, schnell auch in den Kessel zurückgesteckt und mit zum Kochen gebracht. Man benützte den langstieligen Waschkochlöffel, um die Wäsche immer wieder umzudrehen, denn unten war es ja viel heißer, und so dauerte der ganze Kochvorgang nicht allzu lange. «

» Beim Umdrehen der Wäsche im Kessel hat man sich die Teile mit den Flecken noch einmal genau betrachtet, eventuell herausgefischt und auf dem Tisch ein zweites Mal gebürstet. Das kann man leider bei den Waschmaschinen heute nicht mehr. «

» Während die Wäsche zum Kochen kam, konnte man sich mit der Feinwäsche beschäftigen. Am liebsten benützte man die „Seifenflocken" dazu, die sahen fast aus wie ganz dünn gerädelte Kartoffeln oder feine Milchglasplättchen. «

» Warmes Wasser holte man sich dazu aus der Küche, aus dem Wasserschiff auf dem Herd. Man brauchte ja nur lauwarmes Wasser, das ging gut. «

» Die Feinwäsche wurde geschwenkt, zwei, besser drei Mal, wobei das Wasser zuerst warm wie das Waschwasser sein und dann immer kälter werden muss. «

In der Zwischenzeit ist der Kochvorgang beendet. Stück für Stück wird mit der großen Zange herausgefischt, auf dem Waschtisch ausgebreitet und durchgebürstet. Da musste man höllisch aufpassen, denn die Wäschestücke waren groß, heiß, und sie tropften. Das tat weh, wenn man so eine Ladung Seifenbrühe auf die Füße bekam. Man hatte deshalb richtige **Waschgaloschen** an. Über Holzsohlen waren Lederkappen, die den ganzen Vorderfuß bedeckten, gespannt, so wie heute bei den Glogs der jungen Leute. **Gummischürzen** bis runter zu den Füßen schützten vor der heißen Lauge.

Die gesamte Wäsche kam in eine Wanne, das Kochwasser wurde ausgeschöpft, aber nur in einen extra Bottich, denn damit wusch man die **Grobwäsche**. Im Kessel reichte die restliche Wärme des Feuers, um frisches Wasser so aufzuwärmen, dass es zum ersten, warmen Schwenken genutzt werden konnte.

» Dann noch zwei Mal kalt schwenken und gut auswinden. «

» Wir hatten schon eine Wäschepresse. Da gab man die Wäscheteile hinein und drehte mit der Schraubvorrichtung ein Holzbrett nach unten. Durch die Löcher im Zinkzylinder floss dann das Wasser ab. «

» Alles kam in einen großen Waschkorb und wurde aufgehängt, im Sommer im Garten (vorher Wäscheleinen spannen und dann mit langen Stützen ein Durchhängen verhindern), im Winter auf dem Dachboden, da war es schrecklich kalt. Wer keinen Garten besaß, fuhr seine saubere Wäsche mit dem Handwagen auf die städtische Bleiche, um unbedingt die frische Luft, möglichst bei Sonnenschein, zu nutzen. «

» Die Wäscheleine war immer auf der Spindel und wurde jedes Mal frisch aufgespannt, damit sie lange sauber blieb und nicht verwitterte, denn die war aus Naturmaterial, Sisal für gewöhnlich. «

» Dann lag in der Waschbrühe ja noch das ganze dunkle Zeug, die blauen Arbeitsanzüge der Männer, die Schürzen der Frauen. «

» Die Kochwaschbrühe war nun soweit abgekühlt, dass man gut hineingreifen konnte. Jedes Teil wurde auf dem Waschtisch gebürstet, aber nicht mit Kernseife. Dazu reichte die Schmierseife, und eine Sorte hieß doch tatsächlich „Goldhonig". Auch hier der gleiche Ablauf mit Schwenken und Auswinden, aber die meiste Arbeit war schon erledigt. «

» Man reinigte Kessel und alle Gerätschaften, mit der noch vorhandenen Waschbrühe putzte man den Fußboden und ließ nur Asche und Glutreste unter dem Kessel. Einen Rest frisches Wasser hatte man noch im Trog, um ihn im Kessel mit der Restwärme leicht zu überschlagen. Herrlich, um sich zum Abschluss, nach der schweißtreibenden Arbeit, selbst damit zu waschen. «

Viele Gespräche mit lebhaften Erinnerungs-Bildern haben einen solch üblichen Waschtag wieder erstehen lassen. Man kann als Frau unserer Zeit nur staunen, wie diese Generation all ihre Arbeit bewältigt hat. Etwas wird auch klar: So ganz engstirnig war es nicht, wenn die Männer nicht wollten, dass ihre Frauen arbeiten gingen. Einen Haushalt zu führen war in damaliger Zeit ein „Full-time-job", ohne freie Wochenenden oder Feiertage und ohne Anspruch auf Urlaub oder gar einen Obolus.

Zeitplan für den Oktober
Themenvorschläge

1. Woche
- Der Name Oktober, wo kommt er her?
- Was gehört zum Oktober?
- Der Blaue Montag.
- Das Oktoberfest.
- Der Cannstatter Wasen.
- Der Heilige Franz von Assisi.

2. Woche
- Erntedankfest in der Kirche.
- Erntekranz, Krone, Tanz.
- Großer Einkauf für den Winter, für das Haus.
- Altweibersommer.
- Schöne letzte Tage.
- Was wird im Garten gemacht?

3. Woche
- Kühe hüten.
- Spiele auf der Wiese.
- Kartoffelfeuer.
- Sirup kochen.
- Zwetschgenmus fast ohne Zucker.
- Eier in Wasserglas.

4. Woche
- Dörrobst: Wofür?
- An der Luft getrocknete Äpfel, Zwiebel. Was noch?
- Der Heilige Lukas.
- Halloween. Kürbis,
- Kürbissuppe kochen.
- Der Waschtag.

NOVEMBER

Der November

Der November

Der November ist der elfte Monat im Jahreskreis. Sein Name kommt wieder aus dem Lateinischen, dort heißt „novem = neun". Und nach dem alten römischen Kalender, wie schon gesagt, war der November der neunte Monat. Er hat auch einige alte Namen: „Dunkelmond", „Nebelung" oder „Windmonat".

Sein erstes großes kirchliches Fest ist

Allerheiligen,

das am 1. November gefeiert wird. Alle Katholiken danken an diesem Tag allen Heiligen für ihre Hilfe oder Fürsprache. Dieser Tag ist schon im 9. Jahrhundert von der Kirche als verbindlich erklärt worden und wird auch heute noch festlich mit einem Gottesdienst begonnen. Ruhig wird er gefeiert, mit gutem Essen verschönt, aber ansonsten keinerlei Vergnügungen.

Da am nächsten Tag der Gedenktag

Allerseelen

folgt, an dem die Menschen an die Seelen aller Verstorbenen denken, wird schon am Abend des Allerheiligentages der Gang zum Friedhof eingeplant. Die Gräber werden von welkem Laub und Blumen befreit, frisches Tannengrün deckt empfindliche Pflanzen auf winterlicher Erde zu. Allerseelengestecke, um diese Jahreszeit in jeder Gärtnerei angeboten, ersetzen die frischen Blumen, denn diese würden dem Frost nicht standhalten. Auf allen Gräbern stehen zusätzlich die kleinen roten Windlichter oder Lichthäuschen, die eine kalte, dunkle Winternacht richtig feierlich erstrahlen lassen.

Eine Bewohnerin erklärt:

» Die Lichter auf den Gräbern sollen alle Menschen daran erinnern, dass auch sie ein Lebenslicht haben, das brennt und erlöschen kann. Sie bitten aber auch darum, dass wir für den, dessen Lebenslicht schon erloschen ist, ein Gedenkgebet sprechen. «

Das Gebäck, das zu Allerseelen gehört und in katholischen Gegenden sich auf jedem Frühstückstisch findet, ist der

Seelenzopf.

Es ist ein geflochtener Zopf aus süßem Hefeteig, der manchmal mit Rosinen verfeinert, aber auch mit Mandelblättern garniert sein kann.

Eine Bewohnerin beschreibt ihn:

» Der Zopf ist doch geflochten und so, wie die einzelnen Teigstreifen auftauchen und wieder verschwinden, so ist auch das Leben in der Familie. Da wird einer geboren und irgendwann verschwindet er wieder aus der Familie. Manches Mal findet er im Leben versteckt was Gutes (Rosinen), manches Mal gibt es Tränen (Mandelblätter). «

Aber neben soviel schönem Glauben gibt es auch hier wieder Aberglauben. An diesem Tag darf man mal wieder nicht aus dem Fenster schauen, denn die Seelen, die gerade vorbeischweben, erschrecken sich sonst. Man darf auch keine Türe zuschlagen, denn die Seelen, die gerade ins Zimmer wollten, werden sonst eingeklemmt. Alles was spitz ist, muss sorgsam weggeräumt werden, Schere und Nadel, Messer und Gabel, weil sich die Seelen beim Darübergleiten sonst verletzen. Kein Tier darf man an diesem Tag anschreien, schlagen oder wegtreiben, denn eine arme Seele könnte sich in dieser Gestalt versteckt haben.

Ein Bewohner berichtet aus seiner Heimat Oberschlesien:

» Am Allerseelentag muss man jeden Bissen gründlich kauen, denn mit jedem Kauvorgang erlöst man eine arme Seele. Wir haben es oft, bei einem großen Bissen Brot, auf vierzig Seelen gebracht. Da haben wir uns richtig gut gefühlt. «

Diejenigen, die Jäger waren, erzählen, wenn Fragen nach dem November gestellt werden, gerne von der Hubertusjagd, denn am 3. November ist der

Heilige Hubertus

auf dem Kalender zu finden. Die Legende berichtet: Hubertus ist an einem Feiertag auf die Jagd gegangen. Das war eine Sünde. Da erschien ihm im Wald ein schneeweißer Hirsch mit einem goldenen Kreuz im Geweih. Hubertus erschrak sehr und hat nie mehr an einem Feiertag gejagt. Er ist der Schutzpatron der

Jäger und Schützen, sorgt sich um die Jagdhunde und hilft bei einem Hundebiss und bei Tollwut. Dargestellt wird er deshalb als Jäger mit Hirsch und dem Kreuz zwischen dessem Geweih.

Ein Bewohner:

» Die Hubertusjagd war einfach immer wunderbar. Man ist morgens in aller Frühe in den nebeligen Wald geritten. Die Jagdhörner haben die Jagd eröffnet, und wenn sie zum Halali geblasen haben, war man ganz glücklich und bewegt. Die Frauen haben für ein ordentliches Essen gesorgt, wenn man heimkam, die „alkoholischen Jäckchen" gegen die kalten Morgennebel hatten wir im Flachmann dabei. «

Wer es noch nicht geschafft hat, jetzt ist die allerhöchste Zeit, um den Garten für den Winter fix und fertig zu machen. Außer Rosenkohl und Grünkohl steht nichts mehr auf den Beeten, und der erste Nachtfrost hat diesen Gemüsesorten das Geschmackskrönchen aufgesetzt. Man kann sie also zur Mahlzeit hereinholen. Früher hat man alle Beete umgegraben, einen Spatenstich tief, heute ist man davon abgekommen, um das Micro-Leben nicht zu stören.

Ein Bewohner:

» Deshalb habt ihr auch so viele Nacktschnecken in den Gärten. Die Schnecken legen ihre Eier im Herbst in die Erde. Das sind so weiße Kügele, fast wie eine kleine Erbse so groß. Wenn man umgräbt, findet man ganze Gelege und kann es beseitigen oder, wenn man Hühner hat, die fressen sie gerne. «

In den Familien waren noch nicht die weihnachtlichen Vorarbeiten angebrochen. Es gab Zeit, am Abend die Spinnstuben aufzusuchen und dort in Gesellschaft all das aufzuarbeiten, was im arbeitsreichen Sommer liegen bleiben musste. Hatte man eine rüstige Großmutter zu Hause, war der Berg nicht gar so riesig. Endlich hatte man jetzt die Zeit, an die Aussteuerarbeiten zu gehen oder sich auch mal mit schönen Handarbeiten zu beschäftigen.

Die Spinnstuben

Harles oder Karz, sicherlich haben sie noch viele andere Namen, waren auf den Dörfern eine beliebte und Energie-Spar-Einrichtung. Jeden Abend, nachdem die Arbeit auf dem Hof beendet, das Abendessen eingenommen war, besuchte man mit seiner Handarbeit eine Dorfbewohnerin in ihrer großen Wohnküche. Dort war es warm und hell, zu Hause konnte man Licht und das Brennmaterial sparen. Jeden Abend war die „Lichtstube" in einem anderen Haus. Natürlich

Die Spinnstuben

ließen sich junge Männer diesen Heiratsmarkt nicht entgehen. Etwas zu reparieren, zu schnitzen fand sich immer, man gesellte sich dazu und wurde gern aufgenommen. Je enger man auf der großen Bank sitzen musste, umso wohler war es den jungen Leuten. Es gab selten ein Angebot zum leiblichen Wohl. Höchstens ein Glas Most aus dem Keller für die Männer oder eine Tasse Tee aus dem Kräutervorrat für die Frauen.

Viele Gesellschaftsspiele, bei denen man weiterarbeiten kann (das war wichtig) wurden gespielt: Teekessel raten, Stille Post, Wort verdreh' dich und vieles mehr. Man konnte sich dabei aber auch sehr nahe kommen, man merkte, ob man „sich riechen" konnte, wenn man dem Nachbarn ein Wort ins Ohr flüstern musste. So manches heimliche, wenn auch nur halbe Küsschen, hat man dabei erprobt.

Das war nicht etwa nur auf dem Land üblich. In Arbeiterkreisen kleinerer Städten galt das Gleiche. Nur, dass man sich da auf seinen Bekanntenkreis beschränkte.

Eine Bewohnerin erinnert sich:

» Bei uns hieß das „Karz", das heißt Kerze, weil früher dort das Kerzenlicht gebrannt hat. Wir waren fünf Mädchen und unser Vater war ein einfacher Schreiner. Der wollte uns so schnell wie möglich unter die Haube bringen, wir mussten zum Karz. Ganz nebenbei ist er dann auch hin und hat alle jungen Kollegen, die noch nicht verheiratet waren, mitgebracht. Bei der ältesten Schwester hat es dann tatsächlich geklappt. «

Eine andere Bewohnerin fügt hinzu:

» Ich habe da das Spinnen gelernt, das hat mir nach dem Krieg gute Dienste geleistet. Einen Burschen hab ich allerdings nicht gefunden, ich war ja auch so ein dünnes Ding, und alle wollten lieber ein habhaftes Mädchen. «

Diese Dame hat noch hochbetagt ein Handarbeitsgeschäft in einer kleinen Stadt geführt, und in den schweren Jahren nach dem Krieg sich und ihre Eltern mit Spinnen ernährt. Verheiratet war sie nie und schlank ist sie immer geblieben.

Der 11. November ist der Tag des

Heiligen Martin.

Neben Nikolaus der für alle Kinder vertrauteste Heilige. Dieser ist aber auch Erwachsenen wohlbekannt, aus unterschiedlichen Gründen allerdings. Für die einen ist der 11.11. Karnevals Anfang, für andere die Gelegenheit, ein leckeres Gänschen (noch vor Weihnachten) auf den Tisch zu bringen. Kinder tragen singend ihre Laternen von Haus zu Haus und erwarten sich dafür etwas Süßes.

St. Martin im Gänsestall

Martin war der Sohn eines römischen Tribun und wurde selbst bereits mit fünfzehn Jahren Soldat. Schon als Achtzehnjähriger wurde er Christ. In seiner Soldatenzeit hob er sich von seinen rauhen Kameraden durch sein Verhalten ab. Er war stets mildtätig und einfühlsam, besonders gegenüber den Armen. So erzählt man, Martin habe in einer kalten Winternacht seinen Mantel durch einen kühnen Schwertstreich in zwei Hälften geteilt (Mäntel der Soldaten waren große Umhänge) und mit der einen Hälfte einen frierenden Bettler damit vorm Tod bewahrt. Eine andere Legende berichtet, Martin war ein bescheidener Mensch, der nie hoch hinaus wollte. Als er vom Volk zum Bischof gewählt wurde, wollte er kneifen und versteckte sich im Gänsestall, als eine Abordnung kam, um ihn zu holen. Die Gänse aber machten solch ein Geschrei und Geschnatter, dass man ihn fand. Zur Strafe für ihren Verrat muss jedes Jahr am Martinstag eine Gans ihr Leben lassen.

In vielen Gegenden Süddeutschlands isst man ein Hefegebäck, das „Martinshörnle" heißt. Das Martinshorn von Polizei- und Krankenwagen kennen wir alle. Gänse schnattern zwar nicht Tatütata, aber so unangenehm laut wie das Martinshorn können sie vielleicht schon sein.

In den Wintermonaten hat man etwas mehr Zeit, und in sechs Wochen ist Weihnachten, also schon wieder ein wichtiger Termin. Martini war der Tag, an dem die Vorbereitungen für die Weihnachtsgeschenke auf dem Plan standen.

Viele Kinder haben ihr Weihnachtsgeschenk nur an den Feiertagen und zwischen den Jahren zum Spiel benützen dürfen. Wenn der Christbaum abgeräumt wurde, verschwanden auch diese Spielgeschenke und tauchten erst zum nächsten Weihnachtsfest wieder auf. Voller Vorfreude hat man darauf gewartet und wie alte, liebe Freunde wurden sie begrüßt. In den Familien gaben sich die Eltern große Mühe, alles auf Schön zu überholen und dies oder das zu ergänzen. Eine kleine Überraschung war also doch auch dabei.

Da gab es für die Jungen das **Schaukelpferd** aus Holz. Oft sehr einfach nur mit einem runden Holzstück als Leib, vier geraden Beinen und einem Hals, der aus einer halben Holzkugel geschnitten war. Der Kopf war dann die Meisterarbeit des Vaters. Von fast fischähnlichen Gebilden bis zu echten Araberpferdeköpfen konnte man alles finden. Die Bemalung, mal als Schimmel, mal als Rappe oder Brauner, geschah oft auf Wunsch des Sohnes. Ein aufgemalter Sattel, aber richtiges Zaumzeug, Rosshaar für Schweif und Mähne, zum guten Ende den Prachtkerl nur noch auf die Kufen geleimt, und dem ersehnten ersten Ausritt stand nichts mehr im Wege. Als stolzer Reitersmann oder als wackerer Krieger. Auch das **Steckenpferd** war beliebt, mit dem unschlagbaren Vorteil, dass man mit ihm durch die ganze Wohnung galoppieren konnte.

Für die Mädchen gab es auch so ein großes Spielzeug. Sie bekamen eine **Puppenstube**, eine **Puppenküche** oder sogar, in begüterten Familien, prachtvolle **Puppenhäuser** mit mehreren Stockwerken. Alle drei Varianten können wir noch heute in Museen bewundern, und nur deshalb, weil sie eben nicht zum Kaputtspielen benutzt werden durften. Damals stellten sie das aktuelle Leben der Zeit dar, heute sind sie Zeugen der vergangenen Jahre. Und Modelle zum Nacheifern beim Heranwachsen in gesellschaftliche Realitäten. Manche Mütter haben nächtelang an den winzigen Stuhlkissen und Sofapolstern, den Vorhängen und Küchenhandtüchern genäht. Mancher Vater hat sein Talent als Tischler mit der Laubsäge unter Beweis gestellt.

Es gab aber auch Familien, da waren nur viel kleinere Geschenke machbar. Außer den Sachen, die auf dem Gabentisch lagen, obwohl sie auch ohne Weihnachtsfest zum Kauf anstanden (dringende Bekleidung z. B.), gab es nur bescheidenes Spielzeug. Eines davon ist der

Bauernhof

mit aus Holz ausgesägten Tierformen, gut geschmirgelt und manchmal bemalt. Bescheiden fing es an, mit einer Hand voll Tierchen, und zu jedem Fest konnte die Herde wachsen, ein neuer Stall den Hof vergrößern oder sich eine neue Gattung dazu gesellen.

Ein alter Herr:

» Bei uns gegenüber hat mein Freund gewohnt. Das waren ganz arme Leute. Einmal hat er zu Weihnachten einen Bauernhof gekriegt. Zwei Kühe, ein Pferd, ein Schwein und drei Gänse. Das war alles. Wir haben tagelang damit gespielt. Aus einer Schuhschachtel haben wir einen Kuhstall gemacht, für das Pferd haben wir die Schachtel hochformatig genommen, aus Zeitungspapierröllchen, mit Mehlpapp geklebt, war bald ein Gatter für die Gänse hergestellt. Das Schwein hat uns Kummer gemacht, denn wir wussten nicht so richtig, ob wir ihm einen Stall bauen oder ob wir es schlachten sollten. «

Es ist ein Privileg aller Kinder und in jeder Generation auch mit ganz bescheidenen Mitteln eine Zauberwelt zu gestalten.

Eine Frau sagt:

» Da fällt mir ein, ich habe mal ein **Puppengeschirr** gekriegt. Richtig kleine Tassen, hellgelb mit roten Punkten drauf. Da habe ich die Eltern und Geschwister zum Kakao trinken eingeladen. «

Eine andere weiß noch:

» Ich hatte einen **Puppenherd**, der wurde mit einem Spiritusschieber beheizt. Da konnte man richtig drauf kochen. Pfannkuchen habe ich gemacht und alle mussten mitessen. «

Das Schwesterpaar erzählt:

» Wir hatten einen **Kaufladen** mit allem, was dazu gehört. Kleine Schubladen waren eingebaut für Reis und Mehl und Grieß. Es gab Bonbongläser und winzige Päckchen mit Kathreinerkaffee, Zichorie und Persil. Wir hatten eine Waage dabei und eine Kasse mit Geld. Unsere Mutter hatte uns auch aus ihren großen Tüten ganz kleine Spitztüten geklebt. Das waren schöne Spieltage. «

» Als Dreikönig vorbei war, wurde er in ein extra dafür vorgesehenes altes Leintuch gesteckt und eingenäht, damit wir heimlich nicht ran konnten, denn nun kam er für ein Jahr auf die Bühne (Dachboden). «

» In der schlechten Zeit nach dem Krieg haben wir ihn später verkaufen müssen für Speck, Eier und Mehl. «

Wenn wir schon beim Kaufladen sind, sollte man den richtigen Kaufladen nicht nur erwähnen, sondern die Bewohner berichten lassen, woran sie sich erinnern:

Der Tante Emma Laden

» Unserer war ein kleiner Raum, der an ein großes altes Handwerkergebäude angebaut war. Nur über fünf Steinstufen konnte man die Türe erreichen, und wenn man sie öffnete, erklang ein Glöckchen, denn unsere Tante Emma hieß Mina und wohnte einen Stock höher. Wenn die Glocke erklang, kam sie über eine steile Wendeltreppe herabgepoltert. «

» Bei uns gab es einen Ladentisch, der war nicht größer als ein einfacher Esstisch und darauf stand die Kasse zum Drehen, wenn man öffnen wollte, die Waage mit den Gewichten und die Bonbongläser. «

» Die Bonbongläser, die lagen eigentlich mehr, es waren sechs Stück, erst zwei, dann darauf wieder zwei und nochmals zwei. Herrlichkeiten waren da drinnen. Die roten **Himbeerbonbons** in einem Glas, in dem daneben die goldgelben **Rahmbonbons**. Drüber, kann ich mich noch erinnern, gab es die **bunten Kissen**, mit Streifen oder Blümchen in der Mitte. «

» Es gab fast nichts Abgepacktes. Alles musste ausgewogen werden. Für alles brachten die Frauen von zu Hause einen Behälter mit, für das Öl eine Flasche, für den Essig auch. «

» Unser Laden hatte da schon was ganz Geschicktes, das Öl und der Essig waren in einem Behälter, der einen Pumpschwengel hatte. Da konnte die Mina einstellen, wie viel Öl man wollte, einen Liter oder nur die Hälfte. Sie steckte das Schläuchelchen in die Flasche und bewegte den Schwengel auf und ab. Die Flasche füllte sich, und kein Tropfen ging verloren, nach der ausgewählten Menge hörte das Öl auf zu fließen. «

» Da stand auch ein großes **Fass mit Heringen** in Salz eingelegt und darüber war der Ständer mit der Schuhcreme. Auf dem Ständer saß der **Erdal-Frosch**, den sehe ich heute noch vor mir. «

» In unserem Laden hingen **Fahrradreifen** von der Decke und darunter stand die **Mehltruhe**. Zucker hatte sie in einem Sack einfach in der Ecke stehen. Manchmal hat sich dort einer draufgesetzt. «

» Ein anderes Fass gab es auch noch, da waren Essiggurken drinnen, und die Holzzange dazu hing außen dran. «

» Im Laden war immer was los, da hat man die neuesten Sachen erfahren und auch manchen Ratschlag bekommen, z. B. wenn ein Kind krank war. Man war ganz selten allein, es war immer einer da, mit dem man ein Schwätzchen halten konnte. Schön war das. «

» Ja, aber dann kam die schlechte Zeit, es gab alles nur auf **Lebensmittelkarten** oder **Bezugsschein**. Da war es den Frauen nicht mehr so zum Schwätzen zu Mute (auch aus Sorge, was Falsches zu sagen). Alle hatten Sorgen und mussten genau aufpassen, dass die Waage auch richtig bedient wurde, nicht zu wenig in die Tüte kam. Alle wussten nicht so recht, wie sie ihre Familien satt bekommen sollten. «

» Man hat auch nicht immer alles, was man wollte, bekommen. Manche Sachen waren einfach nicht da, also musste man was anderes nehmen. «

» Am Schlimmsten war das Anstehen in der Schlange nach Milch oder Fleisch. Wenn man dann endlich dran war, gab es nichts mehr für heute und damit ging die Anstellerei am anderen Tag wieder los. «

» Wir haben oft unsere Kinder als Platzhalter hingestellt. Trotzdem musste man rechtzeitig da sein, sonst haben sie die Kleinen einfach zur Seite gedrängt. Es war schon schlimm damals. «

Der Kreis der Bewohner wechselt von sich aus das Thema, sie wollen nicht zu lange und zu intensiv an diese Zeit erinnert werden. Gern gehe ich mit ihnen zu einem anderen Themen über.

Das Schlachten der Schweine

Bei den Bauern wird um diese Zeit alles Vieh, das nicht überwintern soll, geschlachtet und verarbeitet. Zum Schlachten gehörten auch immer Metzger, die von Hof zu Hof gingen, richtig für einen Tag angemietet wurden. Das Töten der Tiere war deren Sache, da hat sich selbst der Bauer, wenn irgend möglich herausgehalten. Landwirte sehen den Umgang mit ihren Tieren sehr viel realistischer, eine gewisse Bindung ist im Laufe der Zeit jedoch zu jedem Tier entstanden. War das Schwein geschlachtet und richtig zerlegt, ging die Arbeit erst richtig los. Wobei der gute, alte Waschkessel dabei unentbehrlich war. Vorher wurde er gründlichst gereinigt, denn in ihm kochte keine Wäsche, sondern die Würste und das Wellfleisch. Das Fass, in dem das Pökelfleisch für den Winter eingelegt wurde, musste besonders gründlich, erst mit Sodawasser und anschließend mit klarem Wasser, gereinigt werden. Alle Messer, die zum Zerteilen des Fleisches, alle Einsatzmesser für den Fleischwolf sollten zuverlässig geschliffen sein. Der Bindfaden zum Abbinden der Würste wurde bereit gelegt. Die nötigen Vorbereitungen waren echt Arbeit, mussten rechtzeitig geplant werden und zwar von den Frauen. Das Reinigen der Naturdärme hatten der Metzger und der Bauer übernommen.

Einfrieren gab es nicht, also wurde das Fleisch eingepökelt.

Das Einpökeln

war, da die Bäuerinnen ja mit Salz bei der Zubereitung von Sauerkraut und Gewürzgurken reichlich Erfahrung gesammelt hatten, immer ihnen vorbehalten. Äußerste Sauberkeit auch hier striktes Gebot!

Eine ehemalige Großmagd erzählt, endlich kann sie etwas beitragen, das nicht alle wissen:

» Für ein großes Schwein brauchte sie (die Bäuerin) immerhin eine Menge Salz. Das kann man sich gut merken, erklärt sie weiter: eine Sau von 2 Zentnern braucht 12 Pfund Salz, 100 g Salpeter, 200 g Kandiszucker und 30 Liter Wasser. «

Auf die Frage einer Stadtfrau, weshalb das leicht zu merken sein soll, kommt ganz ruhig nur die Antwort:

» Das war schon immer so. «

Wie wird nun gepökelt? Ich selber wusste es nicht. Die erfahrene Magd weiß es heute, nach so vielen Jahren des Ruhestandes, noch immer:

» Das Fleisch wird mit der Speckseite nach unten ganz dicht in das Fass gepackt. Wasser und die anderen Zutaten muss man aufkochen, erkalten lassen und über die Teile schütten. Alles muss bedeckt sein, das ist ganz wichtig. Dann sollen so schnell, wie es geht, ein sauberes Tuch und saubere Bretter darauf gelegt und mit Steinen beschwert werden. Jede Woche muss man mal schauen, ob noch alles gut bedeckt ist mit dem Wasser. Nie darf das Wasser trübe werden oder stinken, sonst stimmt was nicht. «

Jetzt ergänzt eine Bäuerin:

» Nach fünf Wochen ist das Pökelfleisch fertig. Es schmeckt jetzt hervorragend nicht nur im Sauerkraut. Anschließend fein schwarz geräuchert, was Besseres gibt es nicht. «

Das Wursten blieb mehr den Männern, vor allem den erfahrenen Hausmetzgern überlassen.

Die Frauen hatten auch ab Mitte November schon die ersten Weihnachtsvorbereitungen zu leisten, ganz neben all ihrer üblichen Arbeit war der Zeitpunkt nicht zu früh.

Eine Städterin erzählt davon:

» Ich habe auch so früh mit dem Backen der Plätzchen angefangen, denn ich war Kriegerwitwe und musste für mich und für meine drei Kinder sorgen. Ich war Büglerin, da konnte ich zu Hause arbeiten. Das Backen ging da nur nebenher. «

Gedanklich ganz in die anstrengenden Tage zurückgekehrt, erzählt sie von ihrer Art der Berufstätigkeit:

Bügeln der Wäsche.

» Mein Schlafzimmer habe ich zum Bügelzimmer umgemodelt, denn wir hatten nur eine Dreizimmerwohnung. Die besseren Leute (Leute in gehobenen Kreisen) brachten mir ihre Wäsche, nach dem sie gewaschen und getrocknet war. Ich habe dann alles versorgt, und meine Buben haben die Körbe mit dem Handwägelchen dann zurück gebracht. Die Körbe waren fein zugedeckt, es sollte ja nicht das ganze Städtle sehen, was die gnädige Frau für Wäsche hatte. Zum Bügeln musste man alles zuerst einsprengen, ganz eng aufrollen und eine gute Zeit liegen lassen, damit die Feuchtigkeit gut durchzieht. Um die großen Teile, wie Bettbezüge und Leintücher, schön gerade und glatt zu bekommen, habe ich immer einen von den Buben gebraucht, die muss man dann ziehen. An jeder Seite steht einer, rafft den Stoff in beiden Händen fest zusammen und zieht so fest er kann. Dann bekommt das durch die Wäsche verzogene Stück wieder seine Form. Gebügelt haben wir nur in der ganz schlechten Zeit, wenn es wenig Strom gab, mit dem Bolzeneisen, das hatte ich noch von meiner Mutter.

➤

➤

Sonst hatte ich ein ganz schweres Bügeleisen, an dem man hinten das Kabel immer einstecken musste. Für das Bolzeneisen gab es zwei Bolzen. Die wurden im Herd aufgeheizt, richtig in der Glut. Mit einem extra dafür vorgesehenen Griff konnte man es herausnehmen und in die Klappe hinten am Bügeleisen einsetzen. Der andere Bolzen wurde erwärmt, während man weiterbügeln konnte. Ich hatte sogar eine Kaltmangel. Zwei große Holzwalzen konnten da gegeneinander gedreht werden, natürlich mit der Hand. Die Sachen wurden zwar geglättet, aber ganz faltenfrei waren sie nicht. Ich konnte sie nur für bestimmte Wäschestücke einsetzen, für die Küchenhandtücher und zum Nachpressen der Bettwäsche. Während das fein aufgesprengte Wasser durch die fest aufgerollten Wäschestücke zog, konnte ich mit der Weihnachtsbäckerei beginnen. «

> Wenn wir von den Frauen dieser Generation gar nichts übernehmen wollten, die Einteilung ihrer Zeit, das Auswerten jeder Minute, das sinnvolle Ineinanderschachteln der Tätigkeiten, das haben sie perfekt beherrscht. Mit ihrem enormen, täglichen Arbeitspensum wären sie auch sonst gar nicht fertig geworden.
>
> Zuerst kamen alle die Gebäcksorten dran, die eine lange Lagerzeit nicht nur vertrugen, sondern richtig brauchten, um ihr feines Aroma zu entwickeln. Alles, was mit vielen Gewürzen versehen wird, stand an erster Stelle. Das waren die Lebkuchen und die Gewürzplätzchen, die Pfeffernüsse. Auch wir heute, in unserer hektischen Zeit, müssen akzeptieren, dass ein Honigkuchenteig mindestens eine Nacht ruhen muss, um später seinen vollen Geschmack auszuformen. Wir kennen die Anisbrötchen, die Springerle der Schwaben, die kein „Füßchen" bekommen, wenn sie nicht über den „Schock", geknetet zu werden, „drüber schlafen" dürfen. Der Bügelfrau war das gerade recht. An einem Tag wurde der Teig „zwischenrein" gemacht und zugedeckt in den Keller zum Ruhen gebracht (Kühlschrank gab es noch nicht), dann konnte gebügelt werden. Am anderen Tag nützte sie die Pause, um die Plätzchen auszubacken.

» Ich habe Sorte um Sorte so gemacht, alle Teige ruhen gerne, und mir war das geschickt so. «

> Von den so früh hergestellten Herrlichkeiten gab es vor dem Fest kein einziges Stück. Das war kein Geiz, es war ein Hinausschieben, eine Erhöhung des Festes durch eine möglichst lange Zeit der Vorfreude.

Eine Hausfrau berichtet:

» Jede Sorte hat man getrennt in eine Blechbüchse gegeben. Damit sie schön mürbe wurden und einem richtig auf der Zunge verlaufen konnten, hat man ein Stück Brot obenauf gelegt oder ein Schnitz von einem Apfel. «

Der November neigt sich seinem Ende zu. Auch wenn der Arbeitsaufwand nicht mehr so intensiv alle Kraftreserven forderte, es gab noch genug zu tun. Langeweile war vor allem auf dem Land ein Fremdwort. Kinder, die an den langen, dunklen Winterabenden ans Haus gebunden waren, hatten auch am Küchentisch Spielmöglichkeiten.

Brettspiele, die unsere Kinder auch spielen, waren in jedem Haus. Kein Kind, welches sich nicht über „Mensch ärgere dich nicht" doch geärgert hätte. Auch das „Mühlen ziehen" ist uralt und immer wieder modern. Kartenspiele wurden in einfachster Form wie „Schwarzer Peter" von den Müttern geduldet, immer aber stand den Frauen etwas Sorge ins Gesicht geschrieben, wenn es ums „richtige Kartenspiel" ging. Wenn Geld im Spiel war, in des Wortes wahrer Bedeutung, dann war es eben kein Spiel mehr.

Zeitplan für den November
Themenvorschläge

1. Woche
- Der Monat November, sein Name. Was hat er gebracht?
- Es ist kalt und unfreundlich draußen, es ist sehr bald dunkel usw.
- Allerheiligen.
- Allerseelen.
- Seelenzopf backen und essen.

2. Woche
- Die Jagdsaison beginnt (falls Jäger anwesend).
- St. Hubertus, Geschichte erzählen.
- Was wird gejagt?
- Die Spinnstuben.

3. Woche
St. Martin und alles, was dazu gehört:
- Laternenumzüge.
- Die Legenden.
- Die Eltern beginnen mit dem Fertigen der Weihnachtsgeschenke für die Kinder.
- Was wurde gemacht?
- Durfte es behalten werden?

4. Woche
- Schlachtfest: was hat man selbst gemacht (nur wenn Landfrauen dabei sind)?
- Die Weihnachtsbäckerei beginnt.
- Hausarbeit, trotz aller Festvorbereitung.
- Frauen, die Geld verdienen müssen.
- Schlechte Zeiten.
- Lebensmittelmarken.
- Bügeln damals.
- Kinderspiele am Tisch.

DEZEMBER

Der Dezember

Der Dezember

Der Dezember ist der zwölfte Monat im Jahreskreis und der letzte. Wieder hat er seinen Namen aus der lateinischen Sprache abgeleitet bekommen, denn in ihm steckt das Wort „decem" = zehn. Der letzte Monat unseres Jahres war für die Römer der zehnte ihres Kalenders. Nicht selten hören wir in ländlichen Kreisen noch den Namen Christmond oder Heiligmond. Mit ihm kommt der Advent, und die traurig dunkle Zeit wird wenigstens von einigen Lichtern erhellt.

Advent

ist das Wort für Ankunft, das wissen wir noch aus dem Religionsunterricht. Wie aber in der alten Zeit voller Sehnsucht auf die kleinen Lichter gewartet wurde, können wir uns im Zeitalter der Leuchtreklamen, der strahlenden Schaufenster und hellen Straßen, kaum vorstellen. Energiesparen war noch zur Zeit unserer Großeltern und Eltern eine Notwendigkeit, keine politische Empfehlung. Die Straßenlaternen waren sehr sparsam aufgestellt und verloschen zu sehr früher Zeit. In den Kriegsjahren mussten sie überhaupt aus bleiben, und da alle Wohnungsfenster eine dicht schließende Verdunklung haben mussten, war es auf den Straßen ab nachmittags um vier Uhr schon dunkel und nachts stockdunkel.

Eine Frau aus Dresden berichtet:

» Damit sich die Menschen auf den Straßen nicht umgerannt haben, bekam man bei einer Spende für „Kraft durch Freude" einen Anstecker, der leuchtete. Er war mit Phosphor bestrichen. Daheim sollte man ihn nur kurz unter das Licht halten, dann hat er von der Helligkeit soviel aufgenommen, dass er im Dunkeln leuchten konnte. «

Da fällt einem anderen Herrn auch etwas ein:

» Wir haben für den Verein „Kraft durch Freude" Spenden gesammelt, in jedem Haus. Alle waren schon eingetragen und je nach Verdienst mussten sie ihren Beitrag abgeben. Das habe ich gar nicht gerne gemacht. Es hieß zwar, mit dem Geld würden sie für die Armen etwas tun, ihnen Kohlen oder Nahrungsmittel kaufen, sogar kleine Vergnügungsfahrten unternehmen. Geglaubt hat das bald niemand mehr, das meiste ging doch in die Rüstung. «

Eine Heimbewohnerin dazu:

» Aber wunderschöne Anhänger für den Christbaum hat man bekommen für seine Spende. Märchenfiguren und Tierfiguren. Die waren so groß wie ein Handteller und schön bunt bemalt. «

Wer von uns kann sich vorstellen, dass an den wenigen Telefonzellen, die es in großen Städten schon gab, ein Plakat hing mit der Aufschrift: „Fasse dich kurz". War man in der glücklichen Lage, eine Kinovorstellung besuchen zu können, kam zwischen: „Fox tönende Wochenschau" und dem Hauptfilm immer das Energiespar-Bild „Vorsicht! Der Kohlenklau geht um". Der abgebildete Kerl war pechschwarz, hatte eine Schiebermütze auf dem Kopf und einen prallen Sack auf dem krummen Rücken. Kein Kind, kein Erwachsener, der dieses Bild nicht kannte.

Man freute sich in den weit zurückliegenden Jahren auf die Adventslichter, wir freuen uns noch heute, obwohl der Umgang mit Kerzen uns durch das ganze Jahr begleitet.

Kehren wir zurück zum Advent. Advent bedeutet etwas frei übersetzt: **„Ankunft des Herrn in der Welt"**. Kirchlich gesehen ist das der **Beginn des neuen Kirchenjahres**. Christen sollen sich in dieser Zeit auf die Christgeburt vorbereiten, durch Mäßigung oder Fasten ihre Aufnahmebereitschaft stärken. In dieser Zeit gab es früher keine Lustbarkeit, keine Hochzeit, kein Tanzvergnügen. Auch heute scheut man sich gelegentlich in ländlichen Gemeinden während dieser Zeit vor öffentlichen Veranstaltungen mit zu vergnüglichem Umtrieb.

Zur Adventszeit gehört der

Adventskranz.

Der Begründer der Inneren Mission, Pfarrer Johann Heinrich Wiechern, ist wohl der Erfinder unseres heutigen Adventskranzes. Er hat im so genannten Rauen Haus in Hamburg (eine diakonische Einrichtung) den ersten Adventskranz aufgehängt. Er hat diese Sitte damit begonnen, dass er 24 Kerzen aufstellen ließ und jeden Tag eine mehr anzündete. Später kamen die Lichter auf einen Holzreif und dieser wurde mit grünen Tannenzweigen verschönt. Unser Adventskranz war damit geboren, nur, dass wir an Stelle der 24 Kerzen eine dickere Kerze für jeden Sonntag, also vier, benützen.

Der Adventskranz

Das alte Kranzsymbol, das Gottes nie endende Liebe darstellt, die immergrüne Farbe der Tannenzweige, Symbol für das immerwährende Leben in Christus, und die umschlingenden roten oder goldenen Bänder sollen noch zusätzlich an die Verbundenheit mit Gott erinnern.

Die Farben waren bedeutungsvoll. Grün der Kranz, wie erwähnt, das immerwährende Leben. Rot und Gold, die Farben des Lichtes, der Wärme, des Lebens, der Geborgenheit in Gott. Jede Adventswoche wird eine der Kerzen mehr entzündet, dabei sind wir geblieben, wenn auch unsere Adventskränze nicht mehr auf die sonstigen Symbole achten und zum Dekorationsstück gemacht wurden.

Im Heimbereich sollte es verpflichtend sein, die alten Traditionen zu pflegen, den grünen Kranz mit roten Lichtern und roten oder goldenen Bändern zu zieren. Wie soll ein demenziell erkrankter Mensch verstehen, dass der schneeweiß gespritzte Kranz mit den lila Kerzen ein Adventskranz sein soll? Die Adventsfeierstunden mit dem Kranz sind ein Ritual und vor allem demenziell Erkrankte brauchen Rituale, stimmige Rituale. Natürlich sind alle diese Symbole in grauer Vorzeit heidnischer Zauber gewesen, um die bösen Wintergeister zu bannen. Das Christentum hat gut daran getan, nicht alles über Bord zu werfen, sondern es nur umzudeuten, es hat sich bewährt, die Menschen konnten dem folgen und feiern die Feste noch heute.

Die Wochentage steckten noch voller Arbeit. In der Landwirtschaft gab es noch viel zu tun. Hatten die Bauern ein Stück Wald, musste es jetzt spätestens durchgesehen werden. Da alle Blätter verdorrt oder abgefallen waren, sah man Schäden und Sturmbrüche. Die Bäume wurden markiert, für das Fällen gekennzeichnet. Selbstverständlich suchte man sich jetzt schon seinen Weihnachtsbaum aus und kennzeichnete ihn so, dass er, selbst bei starken Schneefällen, später leicht zu erkennen war. Andere, die nur ein paar Obstbäume ihr Eigen nannten, machten sich ans **Beschneiden** dieser Stämme. Alle überflüssigen Zweige und falschen Triebe, die den Baum schwächten und eine gute Obsternte schmälerten, wurden dabei beseitigt. Da der Baum seinen Winterschlaf hielt, alle Säfte zurückgezogen hatte, war die Zeit dafür günstig.

Gab es noch keinen zu großen Schneefall, hat man da und dort gleich mit der Waldarbeit, dem „Holzen" begonnen. Es war eine schwere und gefährliche Arbeit. In Bayern trifft man bei Wanderungen immer wieder mal ein „**Manderl**". Es sind Gedenksteine oder Holztafeln, gefühlvoll gemeißelt oder liebevoll gemalt, die noch heute daran erinnern, dass an dieser Stelle vor vielen Jahren ein Mensch verunglückt ist. Nicht selten haben Waldarbeiter beim Fällen der Bäume ihr Leben verloren.

Der Tag der

Heiligen Barbara.

Er wird am 4. Dezember gefeiert. Die Legende berichtet: Barbara hatte einen Heiden zum Vater. Als sie Christin wurde, ließ er sie in einen Turm sperren, und als sie treu bei ihrem Glauben blieb, enthauptete er sie mit eigenen Händen. Da fuhr ein Blitz vom Himmel und erschlug den Vater auf der Stelle. Vor ihrem Tod hatte Barbara eine Vision. Kein Mensch, der sterben muss und keine Sakramente empfangen kann, wird verdammt sein, wenn er ihre Hilfe erbittet. Zu früherer Zeit war das für alle Verunglückten ein echtes Problem und durch Barbara ein Trost. Barbara ist genau deshalb bei Katholiken bis zum heutigen Tag so beliebt, als Schutzheilige nämlich. Nach dem II. vatikanischen Konzil betrachtete man Barbara als historisch nicht mehr gesichert und sie wird deshalb nicht mehr im Römischen Heiligen Kalender geführt. Das konnte ihrer Beliebtheit aber keinen Abbruch tun.

Barbarazweige

Am 4. Dezember holt man Zweige von den ausgeschnittenen Bäumen, am liebsten vom Kirschbaum, und stellt sie ins Wasser. In der warmen Wohnung schwellen die Knospen und zu Weihnacht blühen die Zweige.

» Man darf nicht vergessen, das Wasser jeden Tag zu wechseln und jedem neuen Wasser fünf Körnchen Salz beizugeben, fünf, nicht mehr, an die fünf Wunden Christi erinnernd. «

Das Rezept vertritt eine fast 1oo-jährige Frau.

Ein alter Aberglauben hat jungen Burschen am Abend vor dem Nikolaustag, also am 5. Dezember, viel Vergnügen bereitet. Sie gingen in den Dörfern

Klausen Klopfen.

Aus den Ställen oder Scheunen holten sie sich Peitschen oder Stöcke, dann zogen die Gruppen durch das Dorf, knallten mit den Peitschen und trommelten mit den Stöcken. Dazu wurde ein wahres Pfeifkonzert veranstaltet.

Ein alter, ehemaliger „Klausen Klopfer":

» Die bösen Geister, die sie damit vertreiben wollten, sind auch tatsächlich verschwunden. Keiner hat sie je mehr gesehen. «

Der heilige Nikolaus

Er kommt am 6. Dezember und ist der Freund und Gönner aller braven Kinder. Das steht obenan, alle weiteren Verdienste sind nachgeordnet. Man weiß, er war Bischof von Myra, einer Stadt in Kleinasien. Viele Legenden werden von ihm erzählt, und alle bezeugen seine Freigiebigkeit, seine Hilfsbereitschaft und sein Interesse an der notleidenden Bevölkerung. Eine Legende besagt, er habe die Klagen eines bettelarmen Vaters von drei Töchtern sehr ernst genommen und ihm in der folgenden Nacht drei Goldklumpen durch den Kamin geworfen. Er wollte damit verhindern, dass die Mädchen auf der Straße ihren Lebensunterhalt suchen mussten.

Die heilige Nikolaus

Eine andere Legende erzählt von der Belagerung der Stadt Myra durch wilde Seeräuber. Kein Versorgungsschiff ließen sie in den Hafen einlaufen, und die Stadt geriet in eine Hungersnot. Die Seeräuber forderten für ihren Abzug alle Kinder und frischen jungen Leute von Myra, die sie auf den Sklavenmärkten verkaufen wollten. Die Verhandlungen des Bischofs mit dem Räuberhauptmann erbrachten ein schlimmes Ergebnis. Nur wenn das ganze Deck des Seeräuberschiffes bis an den Rand mit Gold und Silberwaren gefüllt würde, sollte die Belagerung enden. Die Einwohner brachten alles, was sie hatten, jedes Kettchen, jeden Taler, jeden Ohrring, aber es reichte nicht. Da öffnete Nikolaus seine Schatzkammer und spendete alles, was sie beherbergte, sein eigen Hab und Gut noch obendrein. Und siehe da, die Bedingungen konnten erfüllt werden, und die Seeräuber zogen ab, die Kinder waren gerettet. In Erinnerung an diese Legende kommt Nikolaus jedes Jahr mit seinen Gaben zu den guten Kindern. Im Andenken an die erste Legende wirft er auch Dinge durch den Kamin, weil da die Schuhe der Kleinen zum Trocknen aufgestellt werden.

Nikolaus lebte in einer Hafenstadt. Alle Nationen der damaligen Welt trafen dort aufeinander und konnten sich doch nicht verstehen. Ihm war es ein Anliegen, den Kindern Bildung mit auf ihren Lebensweg zu geben. Unsere Kinder müssen den gelungenen Versuch Jahr für Jahr vorführen, indem sie ihm ein Gedicht aufsagen. Und wer von Nikolausens Rute einen Streich erhielt, wurde nicht bestraft, er wurde gesegnet. Die Berührung mit einem Zweig, in dem das Leben und das Wachstum der Natur verborgen sind, kann so auf das Kind übertragen werden und seine Fähigkeiten wachsen auch. Erst in viel späterer Zeit haben Eltern dummerweise aus dem Segensstreich (siehe Ritterschlag) eine Bestrafungsaktion gemacht.

Am Abend vor dem Nikolaustag zieht der Nikolaus von Haus zu Haus. Er wird begleitet von seinem Knecht. Dieser Bursche hat viele Namen. Ruprecht oder „Pelzmärtel" oder „Nussmärte". Der Ruprecht ist ein harmloser Geselle, er ist als Diener des Heiligen für den schweren Sack zuständig und macht Kindern, wenn er denn leibhaftig auftaucht, höchstens durch sein wildes Aussehen Angst.

Durch die Häuser oder Wohnungen zieht mehr und mehr ein verlockender Duft. Keine Hausfrau, die sich davon nicht anstecken lässt und auch ihr Rezeptbuch, ihre Backförmchen hervorsucht. Eine Sorte kennt man bis heute und sie trägt einen Nikolaus-Namen. Nikolaus wurde nämlich auch „Spekulator" genannt. Einen Spekulator nannte man einen Menschen, der in geistliche Betrachtung ganz versunken ist, ins Jenseits schaut, spekuliert.

In Holland, an der Küste, da wo der Spekulatius zu Hause ist, bilden diese Förmchen gerne den Nikolaus, den Spekulator also, auf einem Schimmel reitend ab. Daher der Name des Gebäcks Spekulatius.

Die Hausfrau in der Stadt, die Frauen auf dem Land steigen nach dem Nikolaustag auf den Dachboden und kontrollieren ihre Tee- und Kräutervorräte.

Eine Bewohnerin erzählt:

» Wenn der Nikolaus da war, ist die Großmutter mit der Mutter auf den Dachboden gestiegen. Da hingen lauter Leinensäcke an einer langen Querstange. Jeder Sack wurde geöffnet und kontrolliert, denn man weiß nie, ob nicht doch irgendwelche Fliegen sich eingenistet haben. Von einigen Teesorten haben sie jedes Mal gleich eine Portion mit heruntergebracht. Wenn man soviel isst wie zu Weihnachten, dann hat man oft einen verdorbenen Magen und dann braucht man Pfefferminztee oder Kamillentee. Der muss dann nicht erst geholt werden. Auf dem Dachboden ist es kalt und dunkel gewesen. «

» Wir hatten auch Teesorten, die sammeln die Leute gar nicht mehr, weil sie alles mit den fertigen Mischungen machten. «

Beim Friseur

Das berichtet eine ehemalige Pfarrhaushälterin aus der Stadt, aber mit Garten:

» Brombeerblättertee schmeckt gut, richtig erfrischend. Mit Himbeerblättern ist der Geschmack zarter, aber die Blätter müssen im Frühjahr geerntet werden, wenn sie noch recht frisch sind. Heidelbeeren getrocknet ergeben auch einen guten Tee, der ist ganz blau, er muss aber richtig gekocht werden. Im Sommer, auf dem Feld oder bei einer Wanderung gibt er neue Energie. «

Dieser Dachbodengang hatte aber auch den Grund, den Weihnachtsschmuck griffbereit zu stellen, denn im Laufe des Jahres wurde so manches Gerümpel in die Dachkammer verbannt und in der Eile einfach obenauf gelegt. Für lange Suchaktionen ist kurz vor den Feiertagen keine Zeit mehr, außerdem ist es bitterkalt da oben. Deshalb wurde alles erledigt, was jetzt zu machen war.

Brauchten die Männer einen Haarschnitt? Jetzt war die richtige Zeit. Frisöre, Haarschneider damals so geschrieben, gab es in jedem nicht zu kleinen Ort, in Städten sogar mehrerer. Damen- und Herrenfriseure waren strikt getrennt in richtig eigenen Geschäften.

Die Herren mussten sich auf dem fein gepolsterten Sessel niederlassen, bekamen einen weiten Friseurumhang über den Anzug gelegt und los ging es. Mit einer handbetriebenen Schneidemaschine wurden alle Haare abgeschnitten, die zuviel waren. Man konnte die Restlänge einstellen, aber die Herren waren da nicht so zimperlich. Haare schneiden kostete Geld, und wenn viel abgeschnitten war, dauerte es länger, bis man dafür wieder in den Geldbeutel greifen musste.

Alte Herren erzählen:

» Man ging nicht so kurz vor dem Fest zum Friseur. Da hatte der nämlich viel zu tun und machte seine Arbeit schnell auf jedem Kopf fertig, da musste man viel früher schon wieder gehen. «

» Wir waren vier Buben, der Vater und der Großvater. Sechs mal Haare schneiden, das gab einen Rabatt, und wenn wir vor dem Nikolaus gekommen sind, dann war es nochmals etwas billiger. «

» Bei unserem Friseur kamen auch immer feine Herren. Die hatten beim Friseur ihr eigenes Frisierzeug. Einen Kamm, ein Schneidegerät mit Einsätzen, einen Pinsel, um die Haare aus dem Kragen zu fegen. Das war alles in einem Holzschub und da standen ihre Namen (oder Nummern) drauf, das durfte nur für sie benutzt werden. «

Der Herrenfriseur hat natürlich auch rasiert, und viele Herren haben dessen Angebot genutzt, denn dort waren sie sicher, dass keine Verletzungen im Gesicht zurückblieben. Vor Jahrzehnten hängte der Friseur morgens zur Reklame keinen Kamm oder ein Rasiermesser, sondern ein glänzendes, rundes Messingschild mit einem (Hals-)Ausschnitt, das Becken, vor die Ladentüre. Und auch für die gehobene Rasur waren das persönliche Rasiermesser, der Pinsel (am besten aus Dachshaaren) mit exquisiter Seife und Eau de Cologne zur Abschlusserfrischung sowie der obligatorische Alaunstift zum Blutstillen griffbereit für den Stammkunden im gekennzeichneten Regalfach.

» Wenn man sich beim Barbier hat rasieren lassen, brauchte man das nur zwei oder drei Mal die Woche tun. Er hat das ja auch mit dem Rasiermesser gemacht. Jedes Mal, bevor er anfing, hat er es geschärft, so über einem Lederriemen abgezogen. «

» Der Herr, der eine Rasur wünschte, musste sich auf den Sessel setzen, den konnte man aber verstellen und einen Liegesitz daraus machen. Der Kopf lag auf einer Nackenstütze, wie man sie heute im Auto hat. Der große, weiße Baumwollumhang ging runter bis zu den Knien. «

» Zuerst musste er Schaum schlagen. In einem kleinen, runden Rasiernapf wurde mit heißem Wasser und der Rasierseife ein dicker Schaum angerührt, das sah fast aus wie Sahne. «

» Alles Bärtige im Gesicht und am Hals dick einpinseln, war dann dran. «

» Mit dem scharfen Messer hat der Friseur dann Stück für Stück abgeschabt. An manchen Stellen musste er arg aufpassen, da an der Nase etwa (greift an den Nasenflügel). Da hat er einen dann schon mal an der Nase festgehalten und manchmal etwas grob. «

Später, als die Damen ihre langen Haare abschnitten und einen „Bubikopf" tragen wollten, kamen sehr schnell auch die ersten Geräte für dauerhafte Locken, „Dauerwellen" genannt, in Gebrauch. Die Brenneisen (Lockenscheren) waren nicht ungefährlich, weil manches Ohr und manche Haarsträhne schlicht angesengt worden ist. Wie Foltergeräte sahen die ersten Hauben aus, bei denen man jeden einzelnen Lockenwickler beheizen musste. Es war ein zeitaufwendiges Verfahren und ohne einen ganzen Nachmittag zu investieren, kam keine Frau davon. Nach Hause zurückgekehrt, trugen sie eine herrliche Lockenpracht auf dem Kopf, aber wehe, das Gebilde wurde feucht oder regnete nass, in kürzester Zeit verwandelte sich die Frisur in Putzwolle.

Bewohnerinnen berichten dazu:

» Ich war mal beim Friseur, meine erste Dauerwelle machen zu lassen. Ich habe gedacht, das überlebe ich nicht. Die Wickel haben gebrannt, gejuckt und es hat ewig gedauert. Außerdem war das schwer auf dem Kopf, man konnte den Kopf fast nicht halten. Als ich heimkam, hatten mein Mann und der Großvater gelacht und gesagt: „Jetzt siehst du aus wie eine Schildkrötpuppe, nur viel, viel älter und nicht so hübsch." Da war ich tagelang beleidigt, aber die beiden hat das nicht gestört. «

» Wir hatten noch keine Dauerwellmöglichkeiten. Wenn wir Locken oder Wellen im Haar haben wollten, dann haben wir unsere Lockenschere in der Herdglut heiß gemacht und die Wellen reingedrückt oder die Korkenzieherlöcken aufgedreht. Man musste nur aufpassen, dass die Schere nicht zu heiß war, sonst sind die Haare verbrannt. Deshalb hat man sie immer zuerst in ein Stück Zeitungspapier gedrückt. Hat es da noch einen braunen Fleck gegeben, dann musste man die Schere schwenken. «

» Nicht alle, aber die besseren Lockenscheren hatten dafür so ein Gelenk eingebaut, man schleuderte sie ein paar Mal im Kreis um sich selbst und die grobe Hitze war weg. «

Da wir nun schon im Bereich der Körperpflege angekommen waren, wollte ich doch gerne wissen, ob und wie man früher mit Kosmetika umgegangen ist, ob und wann man sich geschminkt hat.

Die Damen wollten gerne berichten, aber ein alter Herr schneidet ihnen das Wort ab und erklärt kategorisch:

» Eine Frau schminkt sich nicht. Einen Farbkasten hat man im Schulranzen, nicht im Gesicht. «

Die Wellen der Empörung schlagen hoch. Böse Blicke werden geschleudert, aber auch leise Zustimmung ist zu hören.

Lassen sie mich aufzählen:

» Keiner hat gesagt, dass man sich wie ein Indianer anmalen muss. «

» Ich habe an Kosmetik nichts weiter gebraucht als Wasser und Kernseife und Niveacreme. «

» Ich war immer so blass, da hat meine Großmutter mir das Zichorie-Papier vom Kaffeezusatz gegeben. Das war richtig schön rot. Wenn man sich damit ein paar Mal über die Backen gefahren ist, sahen die ganz zart rosa aus. (Zichorie waren große Kaffeezusatztabletten, man gab sie bei der Zubereitung von Gerstenkaffee in das heiße Wasser, um dem Kaffee eine schöne dunklere Farbe zu geben. Es war ein reines Naturprodukt.) «

» Ich hatte schon als ganz junge Frau einen Lippenstift. Den hab ich von einer Cousine aus Berlin mitgebracht gekriegt. Die Lippen damit anmalen, das habe ich nicht gewagt. «

» Wenn man den Finger in Öl getaucht hat, sich damit über die Augenbrauen gefahren ist, dann fest auf die Lippen beißen und den Ölrest drauf verteilen, das sieht sehr schön aus, glänzt, ist aber nicht künstlich. «

Ich denke, wenn man diese Aussagen einfühlsam liest, kann man erspüren, wie hin und her gerissen die Damen damals waren. Ihre Männer wussten auch nicht so richtig, „was sich gehörte", und Eltern oder Freunde waren keine Hilfe.

Erst der zweite Weltkrieg, in dem die Frauen „ihren Mann stehen" lernten, hat sie von vielen Abhängigkeiten befreit und selbstsicherer gemacht. Sie trauten sich mehr zu, haben erfahren, was sie alles können, zeigten das nun und behielten es bei. Das war nicht einfach für manchen Kriegsheimkehrer, der ein „kleines Frauchen" verlassen hatte und nun eine selbstbewusste, lebenstüchtige Frau vorfand. Diese Frauen haben die Emanzipationswelle ins Rollen gebracht. Auch auf dem Land und in der breiten Bevölkerungsschicht.

Wintersonnwende

Der kürzeste Tag des Jahres naht. Es ist der 21. Dezember und dem ungläubigen Thomas geweiht, weil er an der Auferstehung des Herrn so starke Zweifel hegte. Die Sonne wendet sich, es wird noch lange dauern, bis man es merkt, aber der Bann der Dunkelheit ist gebrochen. Ein alter Aberglauben sagt: Wer in der Thomasnacht oder der Sonnwendnacht eine Schale mit Nüssen aufstellt, der wird im nächsten Sonnenjahr reichlich Früchte ernten können. Es ist nicht gesagt, was für Früchte man erwarten darf.

Die ganze Vorweihnachtszeit und auch die Weihnachtszeit selbst sind voll mit einem Gemisch heidnischer und christlicher Symbole. Unser heutiger

Weihnachtsbaum

ist ein gutes Beispiel. Die immergrüne Tanne. Schon unsere Ur-Ur-Vorfahren haben sich immergrüne Bäume ins Winterzimmer geholt. Die Sitte scheint aus der süddeutschen Ecke zu kommen, vermutlich aus der Gegend, in der diese Bäume zu Hause sind, dem Schwarzwald. Das immer grüne Sinnbild des Lebens, zur Zeit der Sonnenwende aufgestellt, veranschaulichte das Grün, aber auch schon die Hoffnung auf das Frühjahr.

Ursprünglich waren die Bäume mit Naturalien behängt. Mit Äpfeln, dem uralten Fruchtbarkeitssymbol. Nüsse, als Erinnerung daran, dass erst das Harte (Schale) überwunden werden muss, um an das Süße (Glaube und Erlösung) zu gelangen. Und Gold galt in Alchemistenkreisen nicht nur als Wert, man glaubte auch an seine Heilkraft. Das viele Rot im Baumschmuck ist das Symbol für das Leben, aber auch schon ein Hinweis auf den Tod des Erlösers am Kreuz. Rot ist auch die Farbe des Blutes und des Schmerzes.

Der Mistelzweig

Bereits im November, wenn das Laub gefallen ist, spähen die jungen Burschen in Baumkronen und hohen Ästen die Misteln aus. Wenn man rechtzeitig auf den Märkten der Städte damit zur Stelle war, konnte man sich ein Taschengeld nebenbei verdienen. Wir alle wissen, unterm Mistelzweig darf jeder Mann ein Mädchen küssen. Deshalb hängt er über der Türe und nicht in einer Ecke.

Unseren Urahnen war diese Pflanze unheimlich. Sie wächst nicht, wie alle anderen Gewächse, aus der Erde, sondern sie nistet als Schmarotzer in den Zweigen. Und sie hat noch eine beunruhigende Eigenschaft. Während alle andern Pflanzen der Sonne entgegen wachsen, aufrecht das Licht suchen, hängt sie nach unten. Man sprach ihnen Zauberkräfte zu. Da sie um die Zeit der Wintersonnenwende grünt und ihre weißen Beeren trägt, galt sie als Heil- und Glücksbringer. Mistelzweige wurden über den Haustüren aufgehängt und verwehrten allen bösen Geistern den Eintritt.

Weshalb küsst man sich unter dem Mistelzweig? Man schrieb der Mistel solche enorm heilenden Kräfte zu, dass sich sogar Feinde unter ihren Beeren versöhnen können und sich den Friedenskuss geben. Heute haben die Misteln in der Naturheilkunde längst ihren festen Platz gefunden.

Der Adventskalender

ist eine andere Art des Adventskranzes, auch er zählt die Tage wie einst die Kerzen von Pfarrer Johann Heinrich Wiechern. Wurde in seinem Erziehungsheim noch täglich eine Kerze mehr angezündet, dürfen unsere Kinder an ihrem Kalender ein weiteres Fensterchen öffnen.

Der Weihnachtsbaum

Ein Bauer, der einen eigenen Fichten- oder Tannenbestand im Walde hatte, ging mit den ältesten Kindern in den verschneiten Wald, um den diesjährigen Baum zu schlagen. Nur zu oft war der Wald tief verschneit und der zu Beginn des Monats eingelegte Kontrollgang zeigte jetzt seinen Sinn. Der Landwirt wusste, wo er suchen musste, er hatte seinen Baum markiert, brauchte nur den Schnee abzuklopfen und mit dem Beil den Baum von der Wurzel zu trennen.

Leider hatten die Städter selten das Glück, so einen frisch geschlagenen Baum zu ergattern. Mitunter sind Fichten oder Tannen von weit her angeliefert worden; kein Wunder, wenn sie vorzeitig ihre Nadeln verloren. Der Weihnachtsbaum stand allerdings in der guten Stube, die nicht jeden Tag benutzt wurde. Der Ofen war dann nicht in Betrieb, und die Kühle war für den Erhalt des Weihnachtsbaumes vorteilhaft.

Eine Bewohnerin erinnert sich:

» Unseren Baum hat uns jedes Jahr unser Kartoffelbauer gebracht. Wenn er die Kartoffeln geliefert hat, konnte man den schon bestellten. Ich weiß das ganz genau, denn er war der einzige Bauer, der Blautannen hatte. Die haben aber eine Mark mehr gekostet. Ein Schnäpsle hat er immer erwartet. War nicht so schlimm, wenn er alle seine Bäume abgeliefert hatte, war er sicher blau, aber sein Pferd hat heimgefunden. «

Die Festtage rücken immer näher. Wer eine

Weihnachtskrippe

aufstellen will, muss sie nun mit dem zurechtgestellten Weihnachtsschmuck und dem Ständer für den Christbaum vom Dachboden holen. Es ist verbrieft, der Heilige Franz von Assisi hat als erster eine lebensechte Krippe in einer Grotte aufgebaut. Im Jahr 1223 erhielt er hierfür durch Unterstützung des nahe gelegenen Dorfes alles, was er dazu benötigte. Er selbst schuf ein lebensgroßes Jesuskind aus Wachs. Eine echte Holzkrippe, Heu und Stroh bekam er von einem Bauern. Ein reicher Grundbesitzer stellte Ochs und Esel zur Verfügung. Und wenn in der Nacht die Szene von Kerzen beleuchtet war, dann ist es nicht verwunderlich, dass die einfachen Leute in Scharen kamen, um das lebende Bild zu betrachten.

Nach diesem Vorbild entstanden überall Krippen aus den unterschiedlichsten Materialien. Große, richtig begehbare Landschaftskrippen wurden gebaut, und bis hin zu den winzig kleinen, in eine Nussschale eingepasst, kann man alles finden. In den einfachen Familien der Stadt oder auf dem Land hatte man „seine Figuren". Schön in Seidenpapier eingeschlagen, lagen das ganze Jahr über Maria und Josef, das Jesuskind mit seiner Krippe, Ochs und Esel dabei, fein aufbewahrt in der Schachtel. Oft hatte sich Jahr um Jahr eine Figur dazugesellt. Zuerst die Hirten, dann der Engel und am Schluss die Könige aus dem Morgenland.

Die Krippe

Bewohner erinnern sich:

» Als ich geheiratet habe, hat mir meine Tante eine alte Krippe aus ihrer Familie zur Hochzeit geschenkt. Alle Figuren waren da, sogar die Hirten und die Könige. Mein Mann hat gemerkt, was für eine Freude ich daran hatte und hat mir heimlich zu Weihnachten noch ein Kamel dazu geschnitzt für den Mohren. Ich muss heute noch weinen, wenn ich daran denke, wie sehr ich mich darüber gefreut habe. Wir haben dann jedes Jahr gemeinsam etwas weiter gebaut, einen Stall und viele Schafe, sogar einen Schäferhund. Mein Mann hat geschnitzt und ich habe sie angemalt. Das waren friedliche und wunderschöne Abende, die vergesse ich nie. «

» Unsere Krippe war aus Wachs, nur die Köpfe und die Hände, alles andere haben wir als junge Mädchen genäht. Jeden Stoffrest, den unsere Nachbarin über hatte, jedes Fetzchen Spitze hat sie uns geschenkt, sie war Schneiderin und musste gerade für Weihnachten viele Festkleider nähen. Da gab es sogar mal Goldbrokat, den haben wir gleich für die Könige gebraucht. «

» Ich war zuständig für die Landschaft der Krippe und für's Weihnachtsbaumeinsetzen in seinen Ständer. Das ist Männerarbeit, hat meine Frau gesagt. Punktum. «

Die Weihnachtsvorbereitungen in der Woche des 4. Advent laufen auf Hochtouren. Spätestens jetzt wird der Stollen gebacken. Der Stollen, in seiner gewickelten Form, ist das Sinnbild des in Windel eingeschlagenen Jesuskindes.

Erinnerung einer Dame:

» Er soll gut noch eine Woche liegen, damit er an Aroma gewinnt, aber auch nicht zu lange, dass die viele Butter, die da drinnen ist, nicht ranzig werden kann. «

Unsere heutigen Stollen, die schon im Herbst in den Geschäften ausliegen, werden sicher nicht ranzig, sie gewinnen sicher nicht mehr Aroma. Aber sie verwässern die Vorfreude auf die Tage, zu denen sie gehören.

Die Weihnachtsgans

Am ersten der Weihnachtstage muss die Weihnachtsgans in den Backofen, das gehört einfach dazu. Auch in ganz schlechten Zeiten haben die Menschen versucht, dieses Ritual einzuhalten. Früher bekam man die Gans nur geschlachtet vom Bauern, man wollte das auch so, denn alles, was an der Gans dran oder drinnen war, wurde verwendet. Zu Beginn der Weihnachtswoche brachte der Bauer die bereits geschlachtete Gans vorbei.

Die erste Tätigkeit war das Rupfen. Die Frauen wählten dazu einen Raum, in dem sie möglichst alleine sein konnten, denn jedes Türöffnen ließ die zarten, schon ausgezupften Federn bis zur Decke hoch fliegen. Alle Federn wurden gesammelt und am Abend am Küchenherd geschleißt. Die Frauen der Familie sortierten die Federn auseinander und verwahrten die Flaumfedern in einem kleinen Sack. Die übrigen Federn wurden durch einen kräftigen Ruck vom Kiel gerissen, ebenfalls in einen Sack gestopft und auf dem Dachboden bis zum Großputz luftig aufgehängt. Da war man sehr froh über diesen Vorrat, denn alle Federbetten mussten dann und wann nachgestopft werde, obwohl die Kissen eine erstaunlich lange Lebensdauer aufwiesen. Waren die Federn restlos gerupft, wurden Gänse früher abgesenkt. Man hielt das Tier kurz über die Flamme des Herdfeuers, aller Flaum, der verblieben war, verbrannte und fiel als kleine schwarze Fädchen ab.

Das Gänserupfen

Das Ausnehmen war eine übelriechende Tätigkeit. Niemand, der nicht in die Küche gehörte, blieb freiwillig draußen. Ein langer Schnitt öffnete den Bauch der Gans und vorsichtig wurden alle Eingeweide herausgezogen. Viel Fett war um das Gedärm gewachsen, alles musste sorgfältig entfernt und nach dem Auswaschen erst mal zur Seite gelegt werden. Später wurde es ausgelassen, mit Zwiebel und Äpfeln in einen leckeren Brotaufstrich verwandelt.

Besondere Sorgfalt verlangte auch die Gänseleber. An ihr hängt die Gallenblase, die nie verletzt werden darf, sonst verdirbt sie die ganze Leber mit ihrem bitteren Geschmack. Herz und Magen sind nicht so empfindlich und können beim Herausnehmen kräftig angefasst werden, wobei der Magen auch noch eine eigene Säuberung von seinem Inhalt braucht. Alles Gedärm wird entsorgt, und sogleich wird die Luft in der Küche erträglicher. Aus dem gesäuberten langen Hals, den Füßen und äußeren Flügelteilen kocht die Hausfrau eine kräftige Brühe, die sie zugedeckt in den Schnee stellt und dadurch „einfriert". Gebraucht wird sie dann am 1. Feiertag, um die Bratensoße damit fein aufzugießen. Die Gans wird ausgewaschen und in der Kälte aufgehängt, wobei man darauf achten muss, dass sie für allerlei Nager unerreichbar bleibt. War alles vorbereitet, konnten die Feiertage beginnen.

Der Heilige Abend

In vielen Landschaften war der Tag noch ein richtiger Arbeitstag mit dem Unterschied, dass man bewusst mit dem Essen sparsam umging. Betriebe und Geschäfte waren noch nachmittags geöffnet. Besonders die Männer kamen erst spät nach Hause, wo sie natürlich sehnsüchtig erwartet wurden. Es gab auch noch sehr viel zu tun. Der Weihnachtsbaum brauchte einen guten Stand, der Schmuck und die Kerzen sollten so verteilt werden, dass sich jedem Betrachter ein schöner Anblick bot, und die brennenden Lichter keinen Brand verursachen konnten.

Weihnachtsgeschenke für die Kinder und Erwachsenen hat man üblicherweise damals nicht eingepackt. Jedes Familienmitglied hatte auf dem Weihnachtstisch seinen festen Geschenkeplatz. Da lagen die Herrlichkeiten, und für jeden stand auch ein Teller mit köstlichen Weihnachtsplätzchen dabei. Diese durfte jedes Kind wie auch jeder Erwachsene so essen, wie er wollte, während an den Kaffeetafeln auf Zurückhaltung Wert gelegt wurde. Alle Geschenke waren mit einem weißen Tuch abgedeckt und, obwohl man gerade aus der Kirche kam, hielt der Familienvater eine kleine Andacht. Die Lesung der Weihnachtsgeschichte aus dem Lukasevangelium war Pflicht, und jedes Kind konnte den Text bald auswendig. Man sang das Weihnachtslied der Familie, das konnte „O, du fröhliche, o, du selige" sein oder „Stille Nacht".

Aus Rücksicht auf die Kinder, für die die Spannung allmählich unerträglich wurde, gab es jetzt

die Bescherung.

Jedes Kind entfernte an seinem Platz das Tuch und kümmerte sich vorerst nur um seine eigene Freude, später erst wurde ein angemessenes Dankeschön erwartet. Auch die Eltern freuten sich über ihre Geschenke, und das Danke dürfte ihnen schneller von den Lippen gegangen sei. War der erste Freudenrausch vorüber, begab man sich zu Tisch. Was auch immer die eigene Küche an Leckereien bieten konnte, heute war es zu haben, und das gemeinsamen Essen konnte sehr lange dauern.

Vielen Familien ist es auch heute noch ein Anliegen, zu diesem „Heiligen Abend" einsame Freunde oder Verwandte einzuladen und an dem weihnachtlichen Geschehen teilhaben zu lassen. Neigt der Abend sich dem Ende zu, bringen die Herren und älteren Kinder die Gäste gerne durch die frostklirrende Nacht nach Hause. Ein Glück, dass man die Martinslaternen noch hatte, denn die Nacht ist dunkel. Die Hausfrau und Mutter versorgt in der Zwischenzeit die Reste und daraus ergab sich eine schöne Sitte. Jedes Tier im Stall, in der Stadt jeder Vogel vor dem Fenster, sollte etwas von dem guten Essen abbekommen. Man stellte deshalb kleine Näpfchen mit Speiseresten, von jedem etwas, an allen Seiten des Hauses auf und morgens waren sie fast immer leer.

Bewohnergespräche:

» Am Heiligen Abend haben wir für die Kirche unsere schönsten Kleider und Sachen angezogen. Davon ist es einem schon ganz festlich geworden. «

» Wir sind nach der Kirche erst mal zu all den Leuten im Dorf gegangen, die arm waren, und haben denen ein Geschenk gebracht. Das war meistens was Essbares, aber auch warme Sachen, wie Wollsocken oder Handschuhe. Damit die sich nicht genieren mussten, haben wir unsere Sonntagssachen erst danach angezogen. «

Der Christbaum

» Bei uns (im Hohenlohekreis) kam das Christkind wahrhaftig. Ein junges Mädchen aus dem Dorf hat sich Brautkleider angezogen und ihr Gesicht hinter dem Schleier versteckt. Wir mussten dann ein Lied singen oder ein Gedicht aufsagen, aber nicht das, was der Nikolaus schon gehört hatte. Darauf hat sie uns mit einem silbern bemalten Gänseflügel gesegnet, halt so auf den Kopf getupft, und ist wieder gegangen. Ich habe das nie so richtig geglaubt. Das „Christkind" hatte nämlich dieselbe Stimme wie Meiers Anneliese. «

Unsere Italienerin berichtet:

» Bei uns ist es üblich, dass am Heiligen Abend im ganzen Dorf keine Türe abgeschlossen ist. Man will es besser machen als die Bürger von Bethlehem. Wir warten alle auch mit dem Essen bis Mitternacht, erst wenn das Kind geboren ist, gehen wir in die Messe und anschließend gibt es ein großes Essen. «

Die Feiertage.

Die Ersten, die am Feiertag aufstanden, waren die Frauen. Bevor sie mit den Familien frühstückten, dann zum Gottesdienst in die Kirche eilten, musste für das große Festessen viel geschehen. Hatten sie schon große Töchter, verteilte sich die Arbeit. Bis auf wenige Ausnahmen war es undenkbar, dass ein Mann in der Küche mitarbeitete.

Ein ehemaliger Koch, jetzt Heimbewohner:

» Ich habe daheim nie gekocht. Dazu waren die Frauen da, was hätten denn meine Freunde gedacht, wenn sie am Feiertag zum Frühschoppen gekommen wären, und ich hätte einen Kochlöffel in der Hand gehabt? «

Die dicke Weihnachtsgans, die in der Speisekammer fast gefroren war, wurde schon beim Aufräumen am Heiligen Abend ins Warme gestellt. Jetzt wurde sie noch einmal gewaschen, abgetrocknet und innen gesalzen. Aus Äpfeln und Rosinen, aus Brotteig mit Backpflaumen, mancherorts auch schon mit Maronen oder mit einem Gemisch aus Hackfleisch und Innereien wurde eine Füllung vorbereitet und in die hohle Gans gestopft. Das Vernähen der ausgestopften Bauchhöhle hätte ein Chirurg auch nicht besser hinbekommen als die damaligen Hausfrauen. War das Rotkraut noch schnell geschnitten und angekocht, folgte eine aufwendige Arbeit mit den Kartoffeln. Geschält und in Wasser gerieben mussten sie werden, damit sie nicht braun wurden. Manche Frauen haben sie auch geschwefelt, um ihre schöne gelbe Farbe zu erhalten.

Dann kam die Pause, sobald man die Kirche betreten hatte, durften sie sich wenigstens setzen. Manche arme Mutter ist in der Kirche eingeschlafen, kein Wunder, wenn man sich die vielen anstrengenden Arbeitsgänge vor Augen führt. Nach dem Gottesdienst ging es schnell nach Hause und wieder in die Küche. Die Gans kam ins Backrohr, die geriebenen Kartoffeln für die Knödel wurden ausgedrückt und geformt. Für das Rotkraut wurde es nun auch Zeit, damit es bei Tisch fein gar war. Immer wieder wurde die Gans mit der Soße beschöpft; keine Frau vergaß, dass draußen im Schnee die gute Brühe stand. Mindestens zwei Stunden brauchte der Braten, bis er gar war, da ließ sich auch noch ein Nachtisch zaubern.

Der erste und der zweite Feiertag

Das Frühstück fiel in Erwartung eines reichhaltigen Mittagessens nicht zu üppig aus. Grundsätzlich ging man in die Kirche. Alle, auch das Dienstpersonal, auch die Köchin, gleichgültig wenn diese die eigene Ehefrau war.

Das gegenseitige „Frohes Fest"-Wünschen hat auch wieder Zeit gekostet und nicht nur eine, sondern alle Hausfrauen standen wie auf Kohlen. Das Essen sollte, man schätzte die Ordnung, pünktlich auf dem Tisch stehen und der Gänsebraten brauchte seine Zeit, zwei bis drei Stunden musste man rechnen.

Ich kann nur immer wieder staunen, was für enorme Leistungen diese Frauen gerade an den Feiertagen vollbracht haben.

Einige Erzählungen dazu:

» Bei mir hat es immer Rotkraut gegeben, aber ich habe da jeweils ein kleines Glas Johannesbeermarmelade rein getan, das schmeckt lecker. «

» Ich mache das mit Preiselbeeren, das ist genauso gut. Aber Kartoffelknödel gibt es bei mir nicht, da gehören doch Salzkartoffeln dazu. «

» Ich mag lieber Spätzle und vom Fleisch nur das „Pfaffenstückle". «

Früher war es üblich, den Herrn Pfarrer zum Weihnachtessen zu laden. Er bekam beim Verteilen des Fleisches ein saftiges, knochenfreies Stück Brustfleisch, das Pfaffenstück.

» Ich war am Abend vom ersten Feiertag so fertig, ich bin gleich auf dem Sofa eingeschlafen. «

» Ich war auch immer heilfroh, wenn alle Festtage vorbei waren und alles wieder normal ging. Wenn dann die Kinder auch wieder in der Schule waren, dann habe ich endlich Ruhe gehabt. «

Das Fressgelage, man kann es fast nicht anders nennen, hat mit dem fetten und schweren Gänsebraten noch nicht sein Ende gefunden. Kaum war der Tisch abgeräumt, die Jugend in der Küche mit dem Abwasch beschäftigt, musste die Mutter schon wieder an den Kaffeetisch denken. Mit den feinsten Damasttüchern belegt, das beste Geschirr gedeckt und das kostbare Silber aufgelegt, da konnte die Verwandtschaft kommen. Außer dem „echten Kaffee", aufgebrüht und nicht gefiltert, gab es wieder viele Köstlichkeiten. Als Star unter den Kuchen für dieses Fest gilt der Christstollen. Dick mit Puderzucker bestreut und prall voll mit Rosinen, Zitronat und Mandeln ist er auch eine Delikatesse.

Die Hausfrauen in den Gruppen berichten gerne von dem, was in ihren Familien geboten war:

» Ich habe immer noch einen Königskuchen gebacken und dann gab es ja soviel Plätzchen und Lebkuchen. «

» Bei uns in Schlesien gehört der Mohnstriezel zu Weihnachten wie das Amen in der Kirche. Wir haben auch immer was Frisches haben wollen, einen Apfelkuchen, und mein Mann hat am liebsten das Hutzelbrot mit Butter gemocht. «

Jede Landschaft, sogar jede Familie hat ihre eigenen Rezepte und Vorstellungen, wie so ein Fest ablaufen muss. Das ist heute noch so und wird hoffentlich auch so bleiben.
   Mit den gelungenen Weihnachtsfeiertagen brechen die „Zwölf rauen Nächte" an, von denen schon zu Beginn des Jahres berichtet wurde. In Stadt und Land hofft man, dass mit dem Licht des Glaubens auch das Licht in der Natur wächst, und von Tag zu Tag rückt die Sonne auch näher.

Ein Heiliger, der Jüngste unter den Jüngern Jesu, soll das alte Jahr beenden. Es war schon kurz von ihm die Rede. Es ist

der Heilige Johannes.

Am 27. Dezember ist sein Gedenktag. Man sagt, er sei der Lieblingsjünger Jesu gewesen und auch der, dem Jesus am Kreuz seine Mutter anvertraute. Johannes war stets dabei, wenn Jesus schwere Kämpfe ausfocht, so auch im Garten Gethsemane. Lange Jahre war er ein Fels für die Gemeinde von Jerusalem und ist erst im hohen Alter von über 100 Jahren gestorben.

Die Frauen und Männer, die heute in unseren Heimen leben, gleichen in vielen Dingen dem Apostel. Auch sie mussten große Verantwortung übernehmen und tragen. Nichts Schweres ist an ihnen vorbeigegangen. Von ihnen hat man einfach erwartet, dass sie die tragenden Säulen sind und nach zwei Weltkriegen das Land wieder aufbauen. Sie haben es geschafft, lassen wir sie, wie Johannes, in Würde 100 Jahre alt werden.

Uns fehlt zur Betrachtung des Monats Dezember nur noch sein allerletzter Tag,

Sylvester.

Wie schon jedes Mal, wenn eine Zeitenwende im Jahreskreis bevorstand, waren unsere Ahnen davon überzeugt, dass dann draußen und drinnen alles Mögliche passieren kann. Bis heute glauben viele Menschen daran, und alle verjagen mit viel Gekrache und viel Geschrei sinnbildlich die bösen Geister oder das alte Jahr, wenn sie ihre Raketen steigen und Böllerschüsse ertönen lassen. Natürlich nennen sie es, „das neue Jahr begrüßen", aber damit es einziehen kann, muss das alte rausgejagt werden.

Das Feuerwerk

Bevor wir den Dezember entlassen, noch ein bisschen Aberglaube von Heimbewohnern:

» Sylvester gehört etwas ins alte und ein wenig schon ins neue Jahr. «

» Was man in dieser Nacht träumt, das geht in Erfüllung, aber nur, wenn man vorher dreimal um das Haus läuft und an jeder Ecke kräftig aufstampft. «

» Die bösen Geister mögen halt keinen Lärm. «

» Wer einen Apfelbaum hat, muss in der Sylvesternacht zu ihm hin und ihm ein gutes neues Jahr wünschen, dann muss er ihn mit einem Strohbüschel schlagen, denn dann weiß der Baum, dass der Bauer ihn im Auge hat und eine gute Obsternte von ihm erwartet. «

Der letzte Tag im Dezember ist nach dem Papst Sylvester I. genannt. Er galt als der Papst, der in seiner Amtszeit Frieden in die Kirche einkehren ließ.

Frieden als Grundlage für Glück und Zufriedenheit haben sich Menschen immer gewünscht, auch am Ende eines Jahres, dem immer ein neuer Beginn folgt.

Zeitplan für den Dezember
Themenvorschläge

1. Woche
➤ Der Name des Monats, andere Namen.
➤ Die Dunkelheit des Monats und Abhilfe erfragen.
➤ Advent mit Adventskranz, Geschichte erzählen und selbst eine Kerze anstecken.

2. Woche
➤ Schlechte Zeiten, besonders schwierig vor dem Fest.
➤ Lebensmittelmarken, Bezugsscheine, Kohlenklau.
➤ Wo wurde gehamstert, was dafür gegeben?
➤ Bäume beschneiden, Holzen, Manderln.
➤ Die heilige Barbara.
➤ Der Zweig.

3. Woche
➤ Klausen Klopfen.
➤ Nikolaus, seine Legenden erzählen, Spekulatius.
➤ Der Bauer geht in den Wald, die Christbäume werden geschlagen.
➤ Arbeit im Hinblick auf das Fest.

4. Woche
➤ Sich schön machen.
➤ Herren- und Damenfriseur.
➤ Sonstige Kosmetik erfragen.
➤ Wintersonnenwende.
➤ Mistelzweig.
➤ Die Hausfrau bereitet das Fest vor.
➤ Adventskalender, Weihachstbaum.
➤ Weihachtskrippe.
➤ Das Weihnachtsfest.
➤ Das Weihnachtsessen.
➤ Der Gänsebraten.
➤ Der Christstollen.
➤ Aberglaube nach dem Fest.
➤ Sylvester.

Wahrnehmen und Motivieren:
Erinnerungsschätze gemeinsam heben

„Ich würde ja gerne aktivieren, aber es fehlt die Zeit"

Da bietet sich die 10-Minuten-Aktivierung an. Mit dem Arbeitshandbuch „Wahrnehmen und Motivieren" schaffen Sie sich ohne großen Aufwand Ihre eigene Materialsammlung.

Die 17 Arbeitsbogen zum Kopieren liefern Ihnen die Ideen zur Aktivierung. Mit Gegenständen des Alltags und etwas Engagement kann es losgehen. Täglich und ohne weitere Vorbereitungszeit.

Über begreifbare Gegenstände wie Wäscheklammer, Taschentuch oder Säge entwickelt sich Gespräch und Rückschau. Mit solchen „Erinnerungsschlüsseln"

aktivieren Sie im Langzeitgedächtnis verschollene Erlebnisse und Fertigkeiten.

Helfen Sie Hochbetagten und Desorientierten die Schatztruhe der Erinnerungen zu öffnen. Denn auch die Seele braucht Pflege.

Ute Schmidt-Hackenberg
Wahrnehmen und Motivieren
Die 10-Minuten-Aktivierung für
die Begleitung Hochbetagter
1996, 136 Seiten, kart.
23,80 €/sFr 41,80, Best.-Nr. 18311

VINCENTZ

Vincentz Network · Postfach 62 47 · 30062 Hannover
Tel. +49 511 9910-033 · Fax +49 511 9910-029 · buecherdienst@vincentz.net · www.vincentz.net